Transformational Thinking for Happiness

Taking in the Saṃdhinirmocana Sūtra

轉念快樂

讀懂解深密經

釋法源 著

自序

以唯識論典來研究禪學，將更能清楚明瞭禪定止觀的教理及修法。然而，難解的唯識論典的佛學名詞卻讓人不容易親近。於是，我生起介紹唯識學的根本經典《解深密經》的想法，希望讓更多人有機會將瑜伽止觀實際地用於修行。

大學畢業後，我最初學佛禪修，是依止於千佛山雲陽寺住持如山和尚，千佛山的特色是止觀法門禪密並重，對我有獨到的啟發。自中科院辭職出家後，披剃於西蓮淨苑惠敏和尚座下。由於西蓮淨苑傳承智諭老和尚的淨土念佛法門，我從禪修法門轉而學習淨土法門，剛開始不太適應，直至就讀中華佛學研究所參與「《瑜伽師地論》資料庫專案計畫」，有機會研修唯識學及禪定止觀，才發現禪修法門和淨土法門都是止觀法門，而了解禪、淨其實是不二的，乃至能體會「有禪有淨土，猶如戴角虎」的意境。甚至發現佛教的八萬四千法門，皆不離止觀法門。如能學好止禪、觀禪的原理，就能掌握佛教各種宗派及法門的修行重點，進而探究完整的戒、定、慧三學。

《解深密經》是修習瑜伽唯識的必讀經典，因為重要的唯識教理及瑜伽止觀都出自於此經。在禪修的實務中，詳盡地介紹十八門瑜伽妙行，對於佛教禪修的止禪（奢摩他）和觀禪（毘鉢舍那）有詳細地解說。讓我們了解止禪的「專注」訓練和觀禪的「觀照」訓練，可以分開來單修，就是一種漸次止觀，這就是中國禪宗「北派漸悟」的方法；而禪宗「南派頓悟」的方法，其實就是將止禪及觀禪合起來兼修，例如，默照禪、話頭禪是直接操作止觀雙運，就皆為一種圓頓止觀。至於中國淨土念佛法門的「念而無念，無念而念」，其實也是一種圓頓止觀，念佛而心無雜念，就是「止禪」；心無雜念而清楚念佛，就是「觀禪」，同時運作達到止觀雙運。

佛陀在《解深密經》中，首度提出「唯識所現」的觀念，對修行實務很重要；特別是當禪修有了定境，必須了解各種禪定境相，都是心念及意識的作用，都是唯識所現的，才不會產生定愛的執著。即使生起了神通或特異功能，也能了解都是唯識所現的，就不會產生法愛的執著。另外，「唯識所現」再配合「三自相」、「三無性」的教理，因為萬法唯識，所以修行人可以運用「生無自性」的「依他起相」，用心念體證「勝義無自性」的清淨「圓成實相」，最終就能涅槃解脫。避免將心念執著於「相無自性」的染汙「遍計所執相」，就不致墮落生死輪迴而受苦。無論是生死或涅槃，一切都是唯識所現的，端看修行人的選擇，是將心念放在清淨或染汙的意識上。

想要徹證清淨的「圓成實相」，達成涅槃解脫，需要依靠智慧。唯識學的智慧，是透過意識的轉化及淨化來提昇，即所謂「轉識成智」。在實務上，很難做到轉識，主要是因為我們深層的「阿賴耶識」業識種子，有著強大的習氣及慣性。所以，要淨化深層意識，先要轉化表層意識，也就是「轉識」要先「轉念」。例如，生氣時設法離開當現場，可以先運用一些世間法，如深呼吸、情緒坐標等，將心念從憤怒的情境中轉移出來。下一步運用止禪，停止生氣的妄念，再運用觀禪，觀照一切唯識所現，便能逐漸淨化意識。不斷地藉境轉識，淨化「阿賴耶識」，生起「大圓鏡智」，終能徹底轉變所依，達成「轉依」，就是成佛。

「轉識成智」的三步驟為：先轉念，再轉識，最後轉依。若在日常生活中，運用人、事、物各種情境，練習此三步驟，足夠熟練以後，遇到情境能馬上「轉念（第六識）」，並自動進行「轉識（第七識、第八識）」，五蘊身心逐步淨化，就能夠一氣呵成。如同量子物理的量子纏結及量子塌縮般，瞬間完成意識的轉化及淨化，或可稱之為「量子轉識」。

現代社會緊張忙碌，生活充滿壓力，很需要適度地調節情緒煩惱，學習轉化表層的情緒意識和深層的阿賴耶識。如果能在平常養成禪坐的習慣，從禪定止觀中，體驗到唯識所現，就能從生活中藉境轉識，提高內在的智慧。

唯識學的名相雖多，但值得我們用一些耐心修學瑜伽止觀，當心識都淨化了，人生也就離苦得樂了。想要生活得快樂，就必須修學《解深密經》，幫助我們在生活裡歷境鍊心，產生智慧，從中體驗轉念快樂，禪悅自在。

目錄

表目錄

圖目錄

前言

為什麼學習唯識，必讀《解深密經》呢？《解深密經》是大乘佛教瑜伽行派的根本經典，可說是唯識學最重要的一部經典。學習唯識必須詳細了解心意識的種種微細作用及能力，佛陀在《解深密經》中詳細解說心意識的祕密善巧，以及運用禪定止觀的方法，來轉化意識；讓大家可以了解「諸法唯識」的道理，並用來淨化自心，達到「轉識成智」，以智慧來斷除煩惱，最終證得清淨解脫的境界。

《解深密經》將唯識學的經教、義理、修行、證果等內容，都統攝在經文之中。本經是修習瑜伽唯識的必讀經典，主要的唯識理論及瑜伽止觀，都源於此。因此，想要修學瑜伽唯識的方法，先當學習此經「轉識成智」的義理，並且熟練「瑜伽止觀」方法的操作運用，才能深入禪定，並以智慧心行菩薩道。

「唯識所現」的觀念於《解深密經》中首度出現，並闡明許多唯識學的重要理論，例如「阿賴耶識」、「三種自相」、「三種無性」等，以及禪定止觀的細部修行原理。因此，研讀本經將能理解唯識的思想核心和重要觀念。禪修者如果只是一味禪坐，不理解禪修原理的解脫關鍵，恐難由定發慧。本經對瑜伽止觀的義理、方法、分類，以及禪定止觀的心、意、識作用，有十分詳細地闡釋與說明。行者可從禪定止觀中，體會諸法唯識所現，以斷除心識的煩惱與執著，進而推廣到日常生活的所緣境，也是唯識所現，不被外境所轉，乃至學習轉化心識、淨化業識，直至成佛。

「阿賴耶識」是我們的深層意識，相對於眼、耳、鼻、舌、身、意六識的表層意識，它是生命相續及變遷的主體，我們的生死流轉或解脫涅槃，都是由阿賴耶識的染汙或清淨狀態所決定的，由此可知其重要性。阿賴耶識中蘊藏著業力的習性，即所謂「業識種子」，其性質有染有淨，染汙的是有漏種子，有漏是有煩惱闕漏，造成在世間生死輪迴；清淨的則是無漏種子，無漏是指斷除煩惱闕漏，轉變為出世間的解脫涅槃。由於這種業識的潛在作用，當心識中的汙染種子起作用時，就會生起煩惱執著，讓人感到痛苦。我們想要生活快樂，就必須祛除煩惱執著，轉染為淨、轉識成智。修學《解深密經》，可以讓我們在日常的家庭、工作、事業中，歷境鍊心而產生智慧，活得更為幸福、更為快樂。

本書第一篇介紹《解深密經》的傳譯過程，並簡要說明經文的架構和內容。第二篇說明唯識的重要教理哲學，包括一切種子心識、三自相及三無性，以及諸法唯識所現的道理。第三篇闡述瑜伽止觀修行的重點，十八門瑜伽妙行、十地波羅蜜多。第四篇則是心理轉識實務運用，採用腦波科學的性格分析，來調節情緒，紓解生活、工作、人際的種種壓力，幫助大家轉心念得快樂。

為引發學習唯識學的興趣，特別引用科學研究成果，以情緒坐標、四種腦區的性格分析，來對照解釋深層心識中隱密微細的作用，幫助大家更了解自己內在心識的力量及潛能。

現代社會生活緊張忙碌，無論是家庭、工作都容易產生很大的壓力，很需要透過了解自我的心念、意識作用，學習轉化表層的情緒意識（第六識）及深層的阿賴耶識（第七、第八識），適度地調節情緒煩惱。

由於本經對禪定中的心、意、識各種狀態，進行十分詳細地闡釋，將能幫助讀者從「奢摩他（止禪）」、「毘缽舍那（觀禪）」中，體驗到唯識所現；並進而推展到日常生活中，體解我們的世界也是唯識所現，進而內化為一切唯識的道理，如〈覺林菩薩偈〉：「若人欲了知，三世一切佛，應觀法界性，一切唯心造。」

修學瑜伽止觀，可以逐步轉識成智，心識都淨化了，也就離苦得樂了。

〈第一篇〉

《解深密經》簡介

一、《解深密經》的傳譯

本經梵文經名為 *Saṃdhinirmocana Sūtra*，唐代玄奘法師將 saṃdhi 翻譯為「深密」，nirmocana 採取「解釋」的意義，而 sūtra 則是佛陀所說的「契經」，因而漢文經名翻為《解深密經》。

（一）甚深密意

從經名來看，「解釋深密」是在解說詮釋甚深的密意，本經內容到底有哪些甚深密意呢？

1. 經教的深密

本經以「離言無二、超越尋思、超過一異、一切一味」等四相來開顯「勝義諦（出世間真理）」，將佛法不落對待、超然純淨的深密真理，解釋地非常深入而又清楚，並且提出「阿賴耶識」來說明心意識祕密善巧道理：業識種子起現行，現行又反熏業識種子轉動不停，而成生死輪迴；然而虛妄的分別執著，終究無一法可得，只有轉識成智，才能淨化業識得解脫。

2. 義理的深密

本經從「三自相（遍計所執相、依他起相、圓成實相）」立「三無性（相無性、生無性、勝義無性）」，將「一切法無自性」加以深入解釋，顯真了義，講得更為清楚明瞭，除了可避免頑空斷見的誤解，也將一切法的隱密性相，完整地解說出來。

3. 修行的深密

本經詳盡說明「瑜伽止觀」的定慧妙行。眾生無始以來的纏縛煩惱，要修禪定止觀及行菩薩道，才能漸漸地斷除。依於十地、修學十度、斷十重障、證十真如，唯諸佛如來方能斷盡煩惱障及所知障，所以是深密的。

4. 證果的深密

本經詳細說明了深密解脫果的意義，行者若能善巧地修十波羅蜜，最終就能證得菩提、涅槃的兩種「轉依」，成就如來的法身之相。佛陀在深密會中，說明如來成所作事了義之教；參加法會的大眾，當下明瞭了佛果甚深密意，而有七萬五千位大菩薩，立即證得無上佛果，獲得圓滿法身。

（二）宣講緣起

佛陀的經教，根據不同的對象，應機施教、應病與藥。對於急於解脫的弟子，教導《阿含經》，以對治煩惱，修學解脫道，從生死輪迴中，將自己解脫出來；對於愛好空智的弟子，則教導《般若經》，以破除煩惱，修學菩薩道，讓一切眾生都得解脫。

有些聲聞乘行者執著涅槃解脫，不願行菩薩道；有些執空的方廣道人，則執著頑空斷見，雖行菩薩道，卻容易誤導他人，需要《解深密經》引導的正確修行之道。《解深密經》以「三種無自性」的甚深密意，來詳細解釋「真空妙有」的道理，能破除樂空、愛有等妄執，讓行者願意行菩薩道，不會執著涅槃解脫，也不會執著頑空斷見，是最為清楚明白的了義經教。佛陀成道後，開始轉正法輪宣揚經教，依本經所說，共分為三個時期，後世稱為「唯識三時判教」，詳如表一。

表一：唯識三時判教

時別	對象	法相	義理
第一時	發趣聲聞乘者	四諦相	未了義
第二時	發趣修大乘者	隱密相	猶未了義
第三時	發趣一切乘者	顯了相	真了義

1. 第一時的經教

主要是阿含聖典，依本經〈無自性相品〉所說：「惟為發趣聲聞乘者，以四諦相轉正法輪。……而於彼時所轉法輪，有上、有容，是未了義，是諸諍論安足處所。」也就是為了自求解脫的「發趣聲聞乘者」，宣講四聖諦教理，由於偏於聲聞乘解脫道，所以是「未了義」。

2. 第二時的經教

主要是般若經典，依本經〈無自性相品〉所說：「惟為發趣修大乘者，依一切法皆無自性、無生、無滅、本來寂靜、自性涅槃，以隱密相轉正法輪。……彼時所轉法輪，亦是有上、有所容受，猶未了義，是諸諍論安足處所。」雖為修大乘菩薩道的「發趣修大乘者」，宣講「一切諸法皆無自性」的教理，但由於太簡略隱密，講得不夠清楚明瞭，容易造成頑空、斷滅的誤解，所以是「猶未了義」。

3.第三時的經教

主要是唯識經典，依本經〈無自性相品〉所說：「普為發趣一切乘者，依一切法皆無自性、無生、無滅、本來寂靜、自性涅槃、無自性性，以顯了相轉正法輪。……于今世尊所轉法輪，無上、無容，是真了義，非諸諍論安足處所。」為修各乘的「發趣一切乘者」，於本品經文中提出，將「一切諸法皆無自性」，改以「三種無自性性」來詳細解說，講得清楚而明瞭，不會造成頑空、斷滅的誤解，所以是「真了義」。

（二）經文翻譯

1. 梵文本

《解深密經》的梵文經本已失傳，唐代圓測法師在《解深密經疏》提到梵本有廣、略兩種：「一者廣本，有十萬頌。二者略本，千五百頌。」可知梵文廣本有十萬頌之多，略本則有一千五百頌。本經傳到漢地的是略本，歷代先後出現四個漢譯本；經名也不同，包括《深密解脫經》、《相續解脫經》、《佛說解節經》、《解深密經》等。

2. 漢譯本

漢譯《解深密經》是依梵文略本翻譯的，廣本則沒有漢譯。依年代排序，歷代的漢譯本，有以下四種：

(1)《相續解脫經》：南朝劉宋時元嘉年間，來自中印度的求那跋陀羅法師，於西元四三五至四四三年，在江寧東安寺，翻譯出兩種部分經文的節譯本：前本一卷，名為《相續解脫地波羅蜜了義經》；後本也是一卷，名為

《相續解脫如來所作隨順處了義經》。相當於唐譯本（唐代玄奘法師譯本）〈地波羅蜜多品〉和〈如來成所作事品〉二品。

(2)《深密解脫經》：北朝後魏延昌年間，來自北印度的菩提流支法師，於五一四年在洛陽少林寺，翻出完整譯本，名為《深密解脫經》，共有五卷，分為十一品。相當於唐譯本〈勝義諦相品〉擴分為四品，相較唐代譯本的八品，多了三品。

(3)《佛說解節經》：陳朝永定年中，來自西印度的真諦法師，於西元五五七年，在西京四天王寺，譯出節譯本一卷，名為《佛說解節經》，分為四品，但內容只相當於唐譯本〈勝義諦相品〉一品。

(4)《解深密經》：唐代貞觀二十一年，玄奘法師於西元六四七年，在西京弘福寺，翻譯出完整譯本，名為《解深密經》，共有五卷，分為八品，此譯本最受後代推崇，史稱「唐譯本」。玄奘法師歷經艱難危險，到印度求法，行程五萬里，遊學十七年。貞觀十九年請回梵文經典五二〇夾，共六五七部。譯出經論七十五部，共一三三五卷。《解深密經》也是玄奘法師從印度請回，並完整翻譯的一部重要唯識學經典。

以上四個漢譯本，經名翻譯各不相同，主要是譯者對梵文經名saṃdhinirmocana一字的解譯不同所致。其中，由於saṃdhi有三種意義：諸物相續、骨節相連、甚深隱密；而nirmocana有解釋或解脫的意思。求那跋陀羅法師採取「諸物相續」的意義，經名譯為《相續解脫地波羅蜜了義經》；真諦法師採取「骨節相連」的意義，經名譯為《佛說解節經》；菩提流支法師和玄奘法師均採取「甚深隱密」的意義，經名分別譯為《深密解脫經》及《解深密經》。後代大多認為玄奘法師翻譯的經名，最為恰當。四種漢譯本對照，詳如表二。

表二：《解深密經》四種漢譯本對照

經名	譯者	年代	卷數	品數	備註
《相續解脫經》	求那跋陀羅	劉宋	二卷		相當於唐譯本〈地波羅蜜多品〉、〈如來成所作事品〉二品。

《深密解脫經》	菩提流支	後魏	五卷	十一品	完整譯本，相當於唐譯本〈勝義諦相品〉擴為四品，共十一品。
《佛說解節經》	真諦	陳	一卷	四品	相當於唐譯本〈勝義諦相品〉。
《解深密經》	玄奘	唐	五卷	八品	完整譯本，史稱唐譯本。

3. 藏譯本

現存藏傳佛教《甘珠爾》中的《解深密經》，譯者不詳。根據《布頓佛教史》記載，係於十一世紀時，由智軍所翻譯。然而，中國學者呂澂認為，藏譯本是以玄奘法師攜回梵文本譯出的。另外，依據日本學者袴谷憲昭考證，唐代圓測法師所著的《解深密經疏》，曾被譯為藏文，由此可知，現存的藏文譯本，可能也參考了漢譯本。

4. 相關註疏

現存的《解深密經》古代漢語註疏有三部，包括：

(1)《解深密經疏》十卷，唐代圓測法師所撰。

(2)《瑜伽師地論記》二十卷到二十一卷上半部，唐代遁倫法師（新羅僧人）所撰。

(3)《瑜伽師地論義演》三十卷到三十二卷，唐代清素法師和澄淨法師所撰。

現存的《解深密經》藏語註疏有三部，包括：

(1)《解深密略釋》（*Ārya-saṃdhinirmocana-bhāṣya*），二百二十頌，印度無著菩薩所撰。

(2)《解深密經廣釋》（*Ārya-saṃdhinirmocana-sūtrasya-vyākhyāna*），覺通所撰。

(3)《慈氏問品註》（*Ārya-maitreya-kevala-parivarta-bhāṣya*），智藏所撰，註解〈分別瑜伽品〉。

二、經文架構及內容

佛教經文分科判釋，簡稱「科判」。通常分為三個部分即：

⑴序分，用以說明佛陀講經的緣起。

⑵正宗分，為經文義理的主要部分。

⑶流通分，為全經的結語，但有推廣流通的目的。

《解深密經》全經共有五卷，內容則分為八品。其中，序品相當於三分科判的「序分」，第二品至第八品則為「正宗分」；本經並無明確的「流通分」，但第五品以下四品中，各自有推廣流通的語句。唯識學的修學，強調對境鍊心，常採用瑜伽止觀的「境（所悟理）」、「行（所修行）」、「果（所證果）」三分來做為經文的分科判釋。本篇並將「境」，細分為經教及義理二分，以經教、義理、修行、證果等四分來對照。

（一）科判架構

1. 第一分：所悟之理

第一分是瑜伽止觀的「境（所悟理）」，內容包含從第一品到第五品；第一品〈序品〉，敘述佛陀與無量聲聞眾與菩薩眾集會的情景。第二品〈勝義諦相品〉，說明勝義諦乃是離名言的有無二相，超越尋思所行，遠離諸法一異相，而遍於一味相。第三品〈心意識相品〉，敘說阿陀那識、阿賴耶識及一切種子心識，並說明與六識俱轉。第四品〈一切法相品〉，敘說遍計所執相、依他起相、圓成實相等三種自相。第五品〈無自性相品〉，闡說相無性、生無性、勝義無性等三種無性。

另外，若將瑜伽止觀的「境（所悟理）」再細分為「經教」及「義理」二分，前三品從勝義諦來說明心意識的體性，建立阿賴耶識，屬於佛陀所教導的唯識「經教」。第四品及第五品是唯識「義理」，佛陀依遍計所執、依他起、圓成實三自相，說明一切法的染淨相。再依三自相，立三無性，顯真了義。

2. 第二分：所修之行

第二分是瑜伽止觀的「行（所修行）」，包括第六品及第七品。第六品〈分別瑜伽品〉詳細說明禪定止觀的修行方法，強調大乘菩薩道中，法假安立「止禪（奢摩他）及「觀禪（毘鉢舍那）」，以菩提願為依來修行，禪定心識的所緣，也是「唯識所現」，除了可以增上空性智慧，也避免產生執著定境的定愛及法愛。第七品〈地波羅蜜多品〉解說大乘菩薩修行的十地位階，以及每地所修的波羅蜜多行，十地共有「十波羅蜜多」。

3. 第三分：所證之果

第三分是瑜伽止觀的「果（所證果）」，第八品〈如來成所作事品〉，說明如來法身相及其化身作業。諸佛所證的果是自受用身，包含清淨的「法身」，但為了方便善巧而示現「化身」。如《解深密經》所說：「當知化身相有生起，法身之相無有生起。」化身的生滅是諸佛如來度化眾生的方便，法身是諸佛如來所體證之不生不滅的真理實相，詳如表三。

表三：《解深密經》科判架構

三分	四分	五卷	八品	綱要
境（所悟理）	經教	卷一	1.序品	明如來所具的功德淨土及無量菩薩、大聲聞眾等。
			2.勝義諦相品	明勝義諦相是離名言有無二相、遍一切一味相。
			3.心意識相品	明八識體相，建立阿賴耶識。
	義理	卷二	4.一切法相品	依遍計所執相、依他起相、圓成實相三自相，明染淨一切法相。
			5.無自性相品	依三自相，立三無性，顯真了義。
行（所修行）	修行	卷三	6.分別瑜伽品	依十八門，廣辯唯識止觀妙行。
		卷四	7.地波羅蜜多品	依菩薩十地及佛地以明所應學事，即六度等。
果（所證果）	證果	卷五	8.如來成所作事品	明如來三身功德等。

（二）內容概要

本經在表層的六識之外，成立深層的「阿賴耶識」（或「阿陀那識」），其性質如經說：「阿陀那識甚深細，一切種子如瀑流，我於凡愚不開演，恐彼分別執為我。」這種甚深微細的阿賴耶識，要從三自相和三無性來說明。本經提出的三自相、三無性之說，成為唯識學的核心理論。這是把《般若經》中「一切法無自性」的義理，用三自相及三無性的架構加以詳細說明。

三自相也對應佛法的三轉過程。世人執著心外實有我法是錯誤的，所以依「遍計所執相」立「相無性」，相即無性，了不可得。因緣所生現象雖然是有的，但不是自然有，所以依「依他起相」立「生無性」，非自然有，有而不真。宇宙人生的實質，真實不虛，但必須遠離世人錯誤觀念，空去遍計所執才能證得，所以依「圓成實相」立「勝義無性」，勝義是依無性所顯，修行人除遣遍計執才能證得。

另外，本經也是判教思想的起始，判定佛陀為聲聞乘說四諦法，是未了義；而為菩薩說諸法無自性，無生無滅，本來寂靜，自性涅槃，也是猶未了義；由三種無自性說，為一切乘者說一切法無自性，清淨涅槃，徹底解釋得清楚明瞭，是真正了義之說。

本經內容分為八品，包括：第一〈序品〉、第二〈勝義諦相品〉、第三〈心意識相品〉、第四〈一切法相品〉、第五〈無自性相品〉、第六〈分別瑜伽品〉、第七〈地波羅蜜多品〉、第八〈如來成所作事品〉，詳細解說瑜伽修行的「境、行、果」。第二品至第五品在解說「境」的深密，就是阿賴耶緣起的機轉；第六品至第七品解說「行」的深密，即是瑜伽止觀的方法，第八品解說「果」的深密，也就是轉識成智的成果。

各品的主要內容，說明如下：

1.〈序品〉

此品敘述佛陀於十八圓滿受用土，現出二十一種功德成就受用身時，無量大聲聞眾與大菩薩眾集會的情景。十八圓滿受用土，是說諸佛所住的淨土具備有十八種圓滿的殊勝功德。二十一種功德是顯佛陀正報的法身功德。本品顯示出與會者的殊勝，有諸清淨漏盡的阿羅漢，有修道位中的大菩薩。更列舉出十位上首菩薩：解甚深義密意、如理請問、法涌、善清淨慧、廣慧、德本、勝義生、觀自在、慈氏（彌勒）、曼殊室利等菩薩摩訶薩。

2.〈勝義諦相品〉

此品透過如理請問菩薩解甚深義密意菩薩、法涌菩薩、善清淨慧菩薩及長老善現與佛陀的問答，說明勝義諦真如是離名言的有無二相，超越尋思所行，遠離諸法的一異相，而遍於一切一味相。本品第一部分由解甚深義密意菩薩，解答如理請問菩薩所提出的勝義諦無二離言的道理。第二部分佛陀為法涌菩薩宣說，勝義諦是聖者內自所證、無相所行、不可言說、絕諸表示、絕諸諍論，不是凡夫眾生所能尋思的。第三部分佛陀為善清淨慧，解說勝義諦與諸行相是非一非異的關係。一與異即是對待，落於兩邊，形成對立，即不能證清淨無相的勝義諦。

3.〈心意識相品〉

此品敘說阿陀那識、阿賴耶識、一切種子心識與心的名相，並闡明與六識俱轉的道理。廣慧菩薩請問心意識祕密善巧道理，佛陀在此宣說了唯識之法，成立阿陀那識、阿賴耶識及心三名。前五識生，五俱意識同起，依於阿賴耶識起前六識。五識身生緣現前，五識身轉。此心意識祕密善巧相，終究無有分別執著，終無一法，無名可得，故為於心意識勝義祕密善巧。本品末尾專顯阿賴耶種子現行，現行熏種子，剎那生滅，無有間阻，業習累積的道理。

4.〈一切法相品〉

此品是德本菩薩請問佛陀，諸法相善巧的道理。佛陀因而解說遍計所執相、依他起相、圓成實相等「三種自相」。世人因為容易計較執著，而容易落入「遍計所執相」；而聖賢能夠看清實相，能成就「圓成實相」。修行人就要運用緣生緣滅的「依他起相」，清淨斷惑就可以超凡入聖；反之，染汙執著就會生死輪轉。

⑴遍計所執相：世人對於一切事物的認知，都藉由自我觀念或語言文

字，普遍地計較、執著客觀世界為不變的實有。但萬事萬物均為因緣假合，並無實我，也無實法；由於被妄情所迷執而普遍計較分別，所以稱為「遍計所執相」。遍計所執就像有人看到麻繩，有著長條的形狀，誤以為看到了蛇，也就是妄計麻繩的長條相狀為蛇，雖然這並不是事實，心識卻妄執地認定自己看到了蛇。

⑵依他起相：宇宙萬有依緣而生起，也依緣而消滅。都是暫時的存有，並非不變的實有。依他眾緣而得起的一切現象稱為「依他起相」。這些因緣生滅的現象，若隨順煩惱執著則流轉生死，若轉識成智則解脫涅槃。依他起相就像有人看到麻繩，詳細地觀察，清楚認識它是由麻線所編成的，知道即麻繩是依麻線的因緣而有，心識就可以跳脫迷執，不會把麻繩看成蛇。

⑶圓成實相：解脫的聖者能如實了知一切法平等的道理，從而不執著任何外相，證得諸法的真如平等體性；對客觀世界及宇宙萬相得到最真實、最圓滿的認識，稱為「圓成實相」。就好像有人看到麻繩，能夠真實地認識麻線才是麻繩的主體，麻繩只是一種外相，我們也可以把麻線編成平面的麻

布；進而體認到一切事物，都有不變的內在主體及可變的外在相貌（真實而圓滿地認識一切事物的體相），心識就完全地圓滿成熟；不但不會把麻繩誤看成蛇，還可以看清一切事物的真實相貌。

5.〈無自性相品〉

三種無性包括：

⑴相無性：一般人迷執於自我觀念和語言文字，對萬事萬物的假相落入計較分別的「遍計所執」，以為客觀世界是實有的、不變的。佛陀為使我們的心識能跳脫迷執，而提出「相無性」的觀念，讓人知道世間事物的相貌是無自性的，沒有固定不變的性質。我們不要妄計麻繩的長條形狀，把它看成了蛇，要知道所有外相都不是實有的，都會不斷改變，都是無自性的。

⑵生無性：萬物依他眾緣而生滅的現象，稱為「依他起相」。佛陀為讓大眾斷除執著得到解脫，提出「生無性」的觀念。當我們明白因緣生滅是無自性的，生死輪迴也不是實有的，就能轉變業識，解脫生死。生無性就像麻繩由麻線所編成，它也是無自性的，編成長條像一條蛇，編成平面像一片

餅。了解因緣生滅是無自性，就可以產生智慧，斷除煩惱執著。

(3)勝義無性：解脫的聖者證得諸法的真如平等體性，對宇宙萬相得到最真實、最圓滿的認識，稱為「圓成實相」，這種真如實相的空所顯性，稱為「勝義無性」。勝義無性就像麻繩以麻線為主體，可以編成任何形狀。當我們看清一切事物本體、相貌，就能不為外相所迷惑，徹底斷除迷執後，就可達到諸佛如來一樣的智慧。

6.〈分別瑜伽品〉

此品是佛陀為慈氏菩薩廣辨瑜伽止觀的行相，共有十八門。「唯識」一詞首見於此品，闡明禪定心識之所緣，僅是唯識之所現，是本經最重要的禪修方法及觀行義理。大乘瑜伽止觀皆依唯識性相妙義宣講，就是不取禪相、不捨定性。此品教義實質，為無上之中道了義教，說明菩薩於大乘法中，修習止觀應依法假安立的十二部經，以及住於無上大菩提願中。無量聲聞、菩薩、如來所修的無量勝三摩地，都是止觀所攝。修習止觀加行可以證無上正等菩提大果，引發菩薩所有廣大威德，可以親證無餘依涅槃，永滅無餘諸受。

7.〈地波羅蜜多品〉

佛陀在此品為觀自在菩薩及大眾，宣說菩薩十地乃至佛地，菩薩所應學習事項，就是所謂十波羅蜜多行。並明其所對治愚癡粗重，可以斷十重障、證十真如，所經三大不可數劫。首先說明諸地名義差別：極喜地、離垢地、發光地、焰慧地、極難勝地、現前地、遠行地、不動地、善慧地、法雲地、佛地。再說明諸地中有二十二種愚癡、十一種粗重為所對治，諸地是以八種殊勝而安立，並分別諸地的勝劣。最後，說明一切波羅蜜多的七種清淨相、勝妙威德力，以及一切波羅蜜多的因、果、義利。

8.〈如來成所作事品〉

佛陀在此品為曼殊室利菩薩說明如來法身相及其化身事業，並解釋三藏差別。佛陀以十五問答，說明法身體相，以顯化身所依。再言化身行相顯其起用所本、更說明三藏內容等，以分別法身相、化身生起相、言音差別、心生起相、化身有心無心、所行與境界區別、成佛、轉法輪、涅槃相、為諸有情作緣之差別、法身與二乘解脫身的不同、如來威德住持有情相、淨土與穢土何事易得、何事難得、依教奉持功德，為顯三身的不同作用。諸佛成所作事，包含清淨的「法身」、圓滿的「報身」，但為了方便善巧而示現「化身」。「化身」的生滅是諸佛如來度化眾生的方便，「法身」是諸佛如來所體證之不生不滅的真理實相。

《解深密經》的第二〈勝義諦相品〉、第三〈心意識相品〉、第四〈一切法相品〉、第五〈無自性相品〉等四品，是「所悟之理（境深密）」的解說，從勝義諦來說明心意識的體性，建立阿賴耶緣起的教理，再依遍計所執相、依他起相、圓成實相等「三種自相」，立相無性、生無性、勝義無性等「三種無性」，顯真了義。解說了阿賴耶緣起的機轉，就是運用「唯識」的道理，轉化淺層的第六識，並淨化深層的阿賴耶識，徹證一切法無自性，斷盡煩惱執著。

第六〈分別瑜伽品〉、第七〈地波羅蜜多品〉等二品，是「所修之行（行深密）」的解說，要想轉化淺層的第六識，並淨化深層的阿賴耶識，就要修學「瑜伽止觀」，以「止禪」祛除妄想雜念，達到專注放鬆，並以「觀禪」觀照無常、無我，增上空性智慧，轉化淺層意識。再修學「十波羅蜜多」，藉由菩薩妙行，增上方便智慧，淨化深層意識。

第八〈如來成所作事品〉，對於「所修之果（果深密）」的解說；菩薩若能於十波羅蜜多，善修出離，轉依成滿，可以成就如來「法身」。為了度化有情眾生示現入胎、誕生、長大、受欲、出家、苦行、捨苦行成正覺，而成就如來「化身」。但諸多唯識論典，則在法身及化身以外，還提出諸佛修行圓滿感得的受用「報身」，而成為「三身說」。根據《成唯識論》「四智三身」的說法，諸佛成所作事，包含轉有漏的第八識為「大圓鏡智」，體證清淨而成就的「法身」；轉有漏的第七識、第六識為「平等性智」及「妙觀察智」，修行圓滿而成就的「報身」；轉有漏的前五識為「成所作智」，為了方便度眾而示現的「化身」。

表四：轉八識成四智

類別	識名	轉識成智	成就佛身
表層意識	前五識	成所作智	佛化身
	第六識	妙觀察智	佛報身
深層意識	第七識	平等性智	
	第八識	大圓鏡智	佛法身

從內容來看，《解深密經》之第二〈勝義諦相品〉、第三〈心意識相品〉、第四〈一切法相品〉、第五〈無自性相品〉等四品在解說「所悟之理」的深密，就是心意識的祕密善巧，以及阿賴耶緣起的機轉。第六〈分別瑜伽品〉、第七〈地波羅蜜多品〉等二品係解說「所修之行」的深密，即是瑜伽止觀及十波羅蜜多的修行方法，第八〈如來成所作事品〉解說「所成之果」的深密，也就是轉識成智，得證法身及化身的成果。《解深密經》已將唯識的教理、修行、成果完整地統攝其中，想要窮究唯識，必當先學此經；懂得教理之後，繼而深入修行，解行並重，即非難事。

〈第二篇〉

唯識教理哲學

佛陀為了度化眾生，讓大眾都能夠斷煩惱得解脫；會根據不同的根性，採用不同的教法。大乘菩薩道的教理方法包括：大乘顯性教（如來藏）、大乘破相教（般若中觀）、大乘法相教（瑜伽唯識）等三大系統，稱為「大乘三系」。佛陀針對想要深入淨化心識的行者，或喜好禪修的瑜伽師，採用唯識學的「轉識成智」方法來教導。為了讓大家可以同時淨化表層意識及深層意識，提出了轉化「阿賴耶識」的祕密善巧方法；運用「阿賴耶識」種子及熏習的微妙作用，徹底轉化我們的染汙意識，成為清淨的意識。

想要學習「轉識成智」的修行方法，必須了解《解深密經》的思想核心和修行精髓。佛陀在經中把大乘佛法「一切法無自性」的空性思想，做詳細地解說；除了可以避免行者落入斷滅空及斷滅見，也將轉識的微妙原理，清楚地闡述出來。《解深密經》的思想核心，就是將「一切法無自性」，以「三無性」（相無性、生無性、勝義無性）來詳細解釋，「三無性」又是依「三自相」（遍計所執相、依他起相、圓成實相）而成立的。

一、瑜伽唯識宗派

《解深密經》對印度和中國的佛教宗派發展，都具有重要的影響，開展出瑜伽唯識宗派的悠久傳承。從四世紀起，在印度發展成「瑜伽行派」，而七世紀後，則在中國發展為「法相唯識宗」，並流傳至朝鮮及日本等國。

佛陀圓寂以後，在四、五世紀時，隨著印度當時各個宗教對於瑜伽禪修的重視，佛教也形成了一股修學瑜伽唯識以及禪定止觀的風氣，而有瑜伽行派。此派在無著論師及世親論師的極力推廣之下，在四世紀到十世紀時，受到佛教行者高度的重視，盛行一時。

中國唐代的玄奘法師，歷盡艱難險阻來到印度，主要是為了求取瑜伽行派相關的教理經典。玄奘法師來到印度時，印度瑜伽行派正發展到了鼎盛的巔峰時期，他隨著當時瑜伽唯識的泰斗戒賢大師學習《瑜伽師地論》，學成回到長安，除了翻譯從印度帶回的佛教經論，同時也弘揚瑜伽唯識的教理，後由窺基法師發揚光大出中國佛教的「法相唯識宗」。從瑜伽唯識在印度、中國的發展和弘傳，可以看出唯識教理哲學的重要性和影響力。

（一）印度瑜伽派

在四世紀初，印度的笈多王朝時期，無著和世親兩位大乘菩薩道的祖師，以阿踰陀國為中心，推動大乘佛教的瑜伽唯識教理，此派採用《解深密經》做為根本經典及教理依據，以「唯識無境」為宗義，形成印度佛教的「瑜伽行派」。而在一世紀的印度貴霜王朝時期，由龍樹菩薩弘揚的般若空性教理，則成立了印度佛教的「中觀學派」。瑜伽行派和中觀學派，並稱為印度大乘佛教的兩大系統。

無著菩薩是世親菩薩的兄長，代表著作包括：《大乘莊嚴經論》、《攝大乘論》、《大乘阿毘達磨集論》、《顯揚聖教論》等。弟弟世親菩薩，代表著作包括：《唯識二十論》、《唯識三十論頌》、《十地經論》、《文殊師利菩薩問菩提經論》、《勝思惟梵天所問經論》、《彌勒菩薩所問經論》等唯識相關論典。

瑜伽的梵語為yoga，翻譯為相應。相應有五個意義：1.與境相應，2.與行相應，3.與理相應，4.與果相應，5.與機相應。根據《成唯識論述記》的解說，瑜伽的相應，具有五種意義：一是與境相應，要與一切法無自性的境能相應；二是與行相應，要與禪定智慧的修行能相應；第三是與理相應，要與真俗二諦的道理能相應；第四是與果相應，要與無上菩提果的目標能相應；第五是藥病相應，要能藥到病除，與解脫能相應。

《成唯識論述記》也提到：「此言瑜伽，法相應稱，取與理相應。多說唯以禪定為相應。」由此可知，瑜伽唯識的修行，就是解門要與佛法真理相應，行門要與禪定止觀相應。而修學瑜伽唯識的人，就稱為「瑜伽師」或「觀行師」。

1.無著菩薩

無著菩薩的梵名為Asaṅga，音譯為阿僧伽，根據《婆藪槃豆法師傳》：「既得大乘空觀，因此為名，名阿僧伽，阿僧伽譯為無著。」《大唐大慈恩寺三藏法師傳》卷三記載，無著菩薩出生於北印度健陀邏國，先在小乘的彌沙塞部道場出家，後來改信大乘。

無著菩薩曾在夜間，上昇到覩史多天，因而見到慈氏菩薩，並接受到有關《瑜伽師地論》、《莊嚴大乘論》、《中邊分別論》等經論的教導。昰日白晝從天返回，為眾說法。由此可知，無著菩薩應該是在上座部的分支彌沙塞部（化地部）出家，後來才改信大乘佛教，向慈氏菩薩學習瑜伽唯識的教理。無著菩薩以阿踰陀國為中心，推動大乘佛教的瑜伽唯識教理，成為大乘菩薩道「瑜伽行派」的祖師。

2. 世親菩薩

世親菩薩的梵名為 Vasubandhu，音譯為婆藪槃豆，又譯為婆修槃陀，意譯為天親或世親。婆藪譯曰世天，毘紐天的異名。以父母求世天親愛而名，或言為天帝之弟，故名天親。根據《婆藪槃豆法師傳》記載，世親菩薩是北印度富婁沙富羅國人，先在上座部的分支薩婆多部（說一切有部）出家，修禪定但不得空性智慧，後得到賓頭羅阿羅漢的教導，才證得小乘空觀，但心理上仍未能覺得安穩。

兄長無著菩薩為了引導他改學大乘佛法，以免障覆大道，曾稱病化導他，根據《百論疏》序文記載，無著菩薩見到弟弟世親菩薩盛弘小乘佛法，恐怕會覆障大乘佛道的因緣，於是派人通知生病的消息，請他前來探病，以便勸化。世親菩薩經過無著菩薩的教導後，才了解到大乘佛法的殊勝；想到過去曾經毀謗大乘，覺得自己所造的口業，都是因著舌頭的過失，因而想要自斷舌頭。無著菩薩告誡世親菩薩不須斷舌，應造大乘論，令大道宣流，才是真的悔過。世親菩薩由於造了很多大乘論典，當時被人稱為「千部論主」。

瑜伽行派在無著菩薩之後，其弟世親與弟子無性等人，繼續發展他的學說，繼承《解深密經》與《攝大乘論》的傳統，以唯識無境為根本宗義。自世親菩薩以後，繼承其教法者，有德慧、安慧、護法、難陀、親勝、火辨、德光、無垢友等，唯識學派因此得名。此派以那爛陀寺為根據地，此學派後分為二，和如來藏學派合流成為「真心派」，反之為「妄心派」。

（二）中國法相宗

佛教在一世紀傳入中國後，與瑜伽唯識相關的重要經論，雖陸續由印度高僧傳來，卻一直不完備。唐代的玄奘法師，為了求取瑜伽唯識完整的教理經典，歷盡艱難險阻到達印度，學成回到中國後，開始弘揚瑜伽唯識的教理。他的弟子窺基法師繼承他的思想，開展出中國佛教的「法相唯識宗」，影響深遠。

1.玄奘法師

唐代的玄奘法師（西元六〇二—六六四年），俗姓陳，偃師人，俗名禕。十三歲入淨土寺出家，親近慧景法師學習《涅槃經》，並向慧嚴法師學習《攝大乘論》。武德元年（西元六一八年），到成都親近震法師聽講《發智論》。武德五年（西元六二二年）受具足戒，學習律部戒學。後來又到長安向道岳法師學習《俱舍論》。當時諸師各異宗途，聖典的弘講隱晦不明。玄奘法師覺得無所適從，在內心興起西遊求法的心願。於是向朝廷申請出國遊學，但未獲准許。玄奘法師並不屈服，在貞觀三年（西元六二九年），獨自走上萬里孤遊的路途。歷經千辛萬苦，經過西域、中亞諸國，終於抵達印度。玄奘法師不畏艱險，從中國遠赴印度求法，到了當時世界上最大的學校那爛陀大學留學，跟著唯識專家戒賢法師學習，將戒賢法師一系的唯識學說傳布中國。玄奘法師學習經典以《解深密經》為根本，論典以《瑜伽師地論》、《成唯識論》等為所依。

玄奘法師於貞觀十九年（西元六四五年）返回中國長安，將帶回的梵文經本六五七部呈獻給朝廷。受到唐太宗邀請在長安弘福寺翻譯並傳法。唐高宗永徽三年（西元六五二年）向朝廷申請，在長安慈恩寺仿西域的型制，建立大雁塔用來收藏經本。顯慶四年（西元六五九年），唐高宗將玉華宮改為寺院，提供玄奘法師居住，並做為譯經的場所。次年在此譯出《大般若經》。玄奘法師從印度請回《解深密經》後，也進行翻譯及教學弘傳，在唐代形成了修學唯識學的風氣。麟德元年（西元六六四年）二月，玄奘法師命弟子普光法師抄錄所譯的經論，共有七十五部，一三三五卷，法師也在二月五日圓寂捨報。

2. 窺基法師

玄奘法師的弟子窺基法師（西元六三二——六八二年），被尊為法相宗初祖，他接續玄奘法師在慈恩寺的重任，世稱慈恩大師。他以《解深密經》、《瑜伽師地論》、《成唯識論》等為依據，弘揚法相唯識學，故此派得名「慈恩宗」。唯識學為窮明萬法性相，取《解深密經》的〈一切法相品〉之名，又稱「法相宗」，成為漢傳佛教八大宗派之一，另依《解深密經》的〈分別瑜伽品〉之意，及唯識論明「萬法唯識」之理，該宗也稱「唯識宗」。

窺基法師跟從玄奘法師修行，學習天竺梵文和唯識因明的教理，大力弘揚法相唯識學，著作的註疏達到百本之多，歷史上尊稱為「百本疏主」。窺基法師曾經著作書寫《彌勒上生經疏》，又造彌勒菩薩像，每天在像前誦菩薩戒一遍，發願往生兜率天彌勒內院。唐朝永淳元年（西元六八二年），窺基法師捨報圓寂，世壽五十一歲，世人尊稱他為「慈恩大師」。

窺基法師門下傳承慧沼法師，慧沼法師再傳智周法師，在中國形成一個重要的宗派。可惜的是，唐武宗毀佛之後，此宗傳承斷絕，僅有少數僧侶研習唯識教理，經論文獻大部分也散失。所幸在唐朝時，此宗已傳入朝鮮及日本。日本遣唐僧侶自中國取回大量窺基法師著作，建立日本唯識宗，為奈良時代的「南都六宗」之一，至今傳承不絕。清末楊仁山居士，到日本將唯識經論文獻帶回中國，開啟了清末民初知識分子，研究法相唯識的風潮。歐陽竟無居士也創建了「支那內學院」，宣揚法相唯識教學；呂澂及韓清淨也起而倡導唯識學，帶動了唯識學在現代中國的重新復興。

二、一切種子心識

在《解深密經》的〈心意識相品〉中，廣慧菩薩向佛陀請問心意識祕密善巧道理，佛陀藉此因緣宣說出「唯識」的義理。佛陀在六識之外，再立「阿陀那識」、「阿賴耶識」及「心（一切種子心識）」三名。要了解阿陀那識、阿賴耶識及心，需要從基本的識概念談起。

「識」的主要作用是了別，凡有了別認識作用的都可稱為「識」。例如，眼了別色，生起眼識，乃至意了別法、起意識等。發動煩惱，造作行業，感受苦報的根本動力，是心意識。所以，我們應該要深入理解生命歷程中的心識認識作用。

世人及聖人同樣是和合身心的組成，而所以有凡聖的差別，在於觸的不同。世人與「無明觸」相應，於境生起錯誤認識，所以起惑造業流轉生死。聖者與「明觸」相應，於境生起正確認識，不為惑業所動，所以能超脫生死，得到解脫。佛法以有情為中心，有情眾生的心意識，既是生死流轉的根本，也是還滅解脫的根本。

「識」究竟有幾層的問題，我們必須明瞭，才能透過修行來調心：小乘佛法的教義只探討六層，即「六識」——眼識、耳識、鼻識、舌識、身識、意識。眼、耳、鼻、舌、身、意等「六根」，對於色、聲、香、味、觸、法等「六境」，生起見、聞、嗅、味、覺、知的了別作用，產生「六識」，這是大、小乘共通的教說。大乘佛法則在粗顯的六識外，更建立深一層的細心——一切種子心識，或稱為「阿陀那識」、「阿賴耶識」。

《解深密經》所說的細心，結合取種習（種子和習氣）的心，以及取色根的意，合而為一，而形成「七識論」。我們認識六境需要六識，而六識的發生必有根本，這就是第七識。六識是無常生滅的，若六識停止了活動，生命並未斷絕；生命的相續，是由心識支持的，可見除了粗顯六識外，還有更深層、更微細的心識存在，這就是第七識，即阿陀那識、阿賴耶識及心。

《解深密經》中提到阿陀那識、阿賴耶識，但合併做為六識外的第七識，其他許多大乘經典都以「七識論」為主，並沒有特別提出「第八識」的觀念。然而，《楞伽經》及《瑜伽師地論》卻有「第八識」的說法，更細分末那識為「第七識」，阿賴耶識為「第八識」。末那之義為我執，謂執持我之見，就是對個體自我的執著；阿賴耶之義為藏，謂能含藏一切法，就是含藏業習的紀錄（一切諸法的種子），是為有漏、無漏一切有為法的根本。

《解深密經》所說的心意識，已經將末那識的我執，以及阿賴耶識的含藏作用，結合起來。其實，精神的主體唯一，至於說有六、七、八識的不同，只是細分程度的不同，詳如表五的比較。

表五：意識層數的細分

項目	內容	說明
六識論	「六根」接觸「六境」，而生起「六識」。	《阿含經》等小乘經論以六識論為主。
七識論	在粗顯的六識外，更建立一細心，結合取種習的心及取色根的意為一，而成七識論。	《解深密經》及其他許多大乘經典為七識論。
八識論	細分末那識為「第七識」，阿賴耶識為「第八識」。末那之義為我執，謂執持我之見，就是對個體自我的執著。	《楞伽經》及《瑜伽師地論》中，有「第八識」的說法。

佛陀在〈心意識相品〉敘說「阿陀那識」、「阿賴耶識」、「一切種子心識」與深層心意識相關的名相，並闡明與六識俱轉的道理。依於阿賴耶識

起前六識，六識身生緣現前，六識身轉。這是心意識的祕密善巧相，然而，終究無有分別執著，終無一法可得，成為心意識「勝義祕密善巧」。另外，佛陀也詳細說明「阿賴耶種子」現行，現行熏種子，剎那生滅，無有間阻，業習累積的道理。

（一）心祕密善巧

在〈心意識相品〉中，廣慧菩薩是當機眾，他能普遍地認識佛法及世間法，所以得名廣慧。他代表大眾向佛陀提問：

1.要如何才能成為於心意識祕密善巧菩薩？

2.菩薩達到何種程度，才能安立為心意識祕密善巧？

問題雖然有兩個，其實只有一個，所以佛陀就合併起來回答：心意識祕密善巧菩薩，不是那位菩薩的專名，誰對心意識得著祕密善巧，誰就可得此名。前五識生，五俱意識同起，依於阿賴耶識起前六識，這是心意識祕密善巧相。

首先必須先了解一切眾生的生死輪轉，都是因為心意識中，有兩種執著——二執受。如〈心意識相品〉所說：「廣慧當知，於六趣生死彼彼有情，……於中最初一切種子心識成熟、展轉、和合、增長、廣大。依二執受：一者、有色諸根及所依執受；二者、相名分別言說戲論習氣執受。」在六趣生死中受生的有情眾生——天、人、阿素洛（阿修羅）、地獄、餓鬼、畜生，是各各墮落在自趣自類的。六趣眾生的果報差別，是由過去的惑、業不同所致，所以有情的現實生命，過去就決定了的。

如緣起支中取緣有的「有」，就是某一趣的生命動能的完成，不是到受生時，才完成某趣生命的。有，是生命的自體，墮入在欲、色、無色的三有中。切實地說：有天、人的業力，就墮入天、人的二趣；有餘四趣的業力，就墮入餘四趣中。到了因緣和合業力成熟時，業力的動能發生作用，就感受現實生命的果報體。生，就是得蘊、得處、得界。生命生起，由業力的不同，有胎、卵、濕、化的四生差別。胎生如人類；卵生如鳥雀等類；濕生如蚊虻昆蟲等；化生是無而忽起的，與平常說的飛蛾，經過幾個狀態變化成的不同。

六趣是約果報身的形態美醜分的，四生是約產生的形式不同分的。六趣眾生業報雖各有不同，主要是由「二執受」所造成的。這兩種執受，第一種是執色，對於色身個體的執著，就是所謂的「人我執」；第二種是執名，對於觀念想法的執著，就是所謂的「法我執」，詳見表六。

表六：二執受的對照

項目	內容	說明
執色（人我執）	有色諸根及所依執受	對色身個體的執著
執名（法我執）	相名分別言說戲論習氣執受	對觀念想法的執著

1. 有色諸根及所依執受（執色）

是內淨色根（神經系統）所依的外塵，此兩者有相互密切的關係。外塵滅了，內色根（眼根）就不能見色，不能發生見聞覺知的作用；內色根壞了，外塵也就無法見了。世人一切種子心識，執著於色等諸根及其所依。

2.相名分別言說戲論習氣執受（執名）

心識分別境緣，依自己的習慣，做不正確的虛妄認識分別，總名為相、名、分別言說戲論習氣。戲論是沒有意義的言論，違反佛法真理，不能增進善法。

達到心意識祕密善巧的菩薩，必須先了解心意識中，六趣生死的祕密，就在於二執受的人我執及法我執。而解脫生死的善巧，則在於斷除二執受，無有分別執著，終無一法可得。能做到這樣的菩薩，才能達到心意識的「勝義祕密善巧」。

另外，佛陀說明這種「一切種子心識」，又稱為「阿陀那識」，因為這種心意識會執著於二執受，而墜入生死輪轉。如同〈心意識相品〉所說：「廣慧！此識亦名阿陀那識。何以故？由此識於身隨逐執持故。」這種心意識也稱作「阿賴耶識」，因為它有記錄含藏業習種子的作用。〈心意識相品〉又說：「亦名阿賴耶識。何以故？由此識於身攝受、藏隱、同安危義故。」

一切種子心識，還有個異名，稱為「心」。因心是色、聲、香、味、觸、法等外境，所熏習、積集、滋長而成的。佛陀在〈心意識相品〉說明：「亦名為心。何以故？由此識色聲香味觸等積集滋長故。」心的本身，不是積集，亦非增長，但由見色聞聲而熏成諸法積集、增長時，心也就隨之積集、增長。心意識執持相、名、分別言說戲論的習氣，與種子融合一味，是甚深微細的，雜染流轉的生死根本，清淨還滅的真實相，無不在此。

（二）依意諸識轉

佛陀在〈心意識相品〉進一步解釋「轉識」的原理。「阿陀那識」、「阿賴耶識」或稱「一切種子心識」都是心意識的根本，轉變而生起的六識，名為「依意生識」。例如，眼根看見色塵，產生「眼識」；耳根聽見聲塵，產生「耳識」等，都是由業識種子現起，而產生現行的心識，而又輾轉熏習並聚集種子。「六識身」是以「阿陀那識」等識為依止，而建立並現起的。內心中的微細流注相續生滅，如大瀑流水一樣的長時恆流無盡，所以說阿陀那識如瀑流。

佛陀在〈心意識相品〉以「瀑水喻」來解說「六識身」次第生起的作用。大瀑水流是從高崖向下直沖的大水，沒有浪緣現前，則平直地流下，假使有一波浪生緣現前時，就有一波浪的轉起；有二或三及多波浪生緣現前，就有二或三及多波浪轉起。波浪雖或多或少的現前，而大瀑水流的本身是自類恆流無盡的。阿陀那識執持根身，取相名分別習氣，融合一味，如大瀑流，遇諸外緣，就可生起一識、二識、三識、五識的不等。以阿陀那識生起現行的六識，本身仍繼續地存在，所以非異；六識滅時，阿陀那識不滅，所以又不是一。

另外，佛陀又以「淨鏡喻」來比喻「六識身」的頓時現起的現象。例如，一面明淨的鏡子，有一影像的生緣現在鏡前，就有一影像現起；有二或三及多影像生緣現在鏡前，就有二或三及多影像現起。雖有一影、二影、多影現前，但鏡面本身沒有一分轉變為影，只是不離鏡面而現起的種種影像，所以鏡子沒有受用滅盡可得。阿陀那識現起六識，不是它本身變為六識，是不離本識而現起六識的。它的功能性，不遇緣便罷，遇緣就要現起，六識起時，它沒有減少，滅時也沒有受用滅盡。

「一切種子心識」又稱為「阿賴耶識」，是諸識的根本，故稱為「本識」；以其為諸識作用的最強者，稱為「識主」。此識為宇宙萬有之本，含藏萬有，使之存而不失，故稱「藏識」。又因其能含藏生長萬有的種子，故亦稱「種子識」。種子識的轉識現象，稱為「種現熏生」，剎那生滅，無有間阻，轉動不停。「種現熏生」可以分為「種現（種子起現行）」及「熏生（現行熏種子）」兩個部分來解說，詳如圖一。

1. 種現（種子起現行）

現前阿賴耶識不斷地攀緣外境六塵，使業識種子現行，而起作用，因此有了應有的業的果報。這就是說，阿賴耶識儲存有情眾生多劫以來，所思、所說、所作的無量業識種子，外在因緣成熟的時候，而起惑造業。例如，具有嗜酒業識種子的人，遇到或得到酒，生起想喝酒的念頭。以阿賴耶種子為

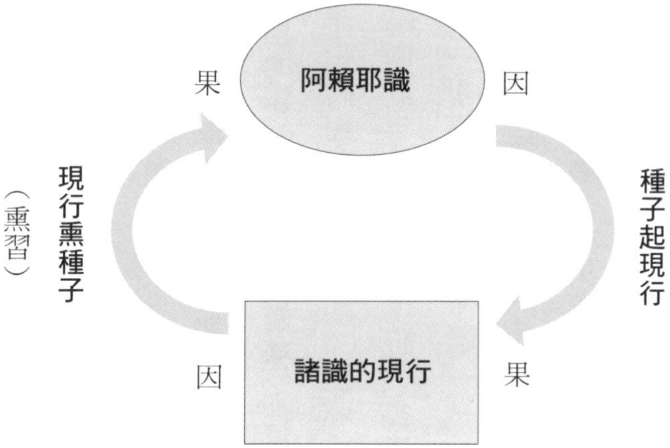

圖一：種子與現行的關係

因，以諸識起現行為果的過程，就是「種子起現行」。

2.熏生（現行熏種子）

所謂「現行熏種子」就是當下現前的身行、口行、意行，反覆熏習阿賴耶識含藏的業識種子。眾生因為種種的煩惱執著，不斷造作善業、惡業、無記業等業行，在造作以後，再反熏而增長業識種子。例如，有了想喝酒的念頭，也取得酒喝了，會熏習而增長嗜酒的業識種子。以諸識起現行為因，以反熏阿賴耶種子為果的過程，就是「現行熏種子」。

由上可知，如果能透過諸識差別，不見諸識別相，則名心意識「勝義諦善巧」。阿賴耶識是諸識的根本，含藏累積一切的業識種子，它也可以起現行作用；我們要了解心、意、識的功能。種進去的種子，因緣來的時候，煩惱就起現行，起了作用後，就容易造作身、口、意惡業，進而反熏習阿賴耶識，增加惡業種子。五根若看到色、聲、香、味、觸這五塵境，雖然現起妄想、分別、執著等煩惱，只要不去造惡業，就不會反熏阿賴耶種子。由於阿賴耶識的善業及惡業種子是互相消長的，遇境而不造惡業，反而會轉化及淨化阿賴耶識。例如，想要戒酒就可以採用「藉境轉識」的方式，當遇到能喝酒或想喝酒的情境時，要謹慎覺察自己的起心動念，只要試著控制心識，能一次不喝、兩次不喝，幾次後就可以從酒癮轉化出來。想要達到聖賢的境界，就是要藉著對外在情境及內在心境的覺察，轉變心意識，而不起妄想、分別、執著，如果能懂得這些道理，就是善巧方便地在修行，也就是實踐勝義諦的祕密善巧。

三、三自相及三無性

《解深密經》在六識之外，更立深層的「阿賴耶識」，其性質如經所說：「阿陀那識甚深細，一切種子如瀑流，我於凡愚不開演，恐彼分別執為我。」這種甚深微細的阿賴耶識，要從「三自性」和「三無性」來詳細說明。

佛陀在〈一切法相品〉及〈無自性相品〉提出的「三自性」、「三無性」之說，把《般若經》的「一切法無自性」義理，說明地更加完整。為一切乘者詳說，把「一切法無自性」的道理，徹底地解釋清楚明了，是真正了義之說，成為唯識學的核心理論。

在〈一切法相品〉中，德本菩薩請問佛陀，諸法相善巧道理。佛陀宣說出遍計所執相、依他起相、圓成實相等「三自相」。「阿賴耶識」緣境變現萬法，其性質有三種。佛陀在〈一切法相品〉說明三種相：「謂諸法相略有三種，何等為三？一者遍計所執相，二者依他起相，三者圓成實相。」經文中的「相」，也可當作「性」來解釋。三性的關係是不一不異的，強調在依他起的當下那一念中，就有遍計所執性和圓成實性，兩者可隨念生滅、隨念呈現。

（一）三自相

1. 遍計所執相

遍計所執相又作虛妄分別相、分別性。對於無實體的存在，計執為「實我」、「實法」而起妄執的心，此為「能遍計」。根據〈一切法相品〉對遍計所執相的說明：「謂一切法假名安立自性差別，乃至為令隨起言說。」其被識所計度的對境，稱為「所遍計」。換言之，由此識與境，而誤認心外有實體存在，稱為遍計所執相。例如，當我們因種種外境而被激怒，這種外在的境相及內心生起的憤怒相，都是不實在的，若去計較執著，就落入了「遍計所執相」。

2. 依他起相

依他起相又作因緣相、依他性。根據〈一切法相品〉的解說：「謂一切法緣生自性，則此有故彼有，此生故彼生，謂無明緣行，乃至招集純大苦蘊。」「依他起相」的「他」，即指由各種緣所生起之法。因是「緣合則生，緣盡則滅」之法，故如虛如幻，而非固定永遠不變的實在，所以說「如幻假有」、「假有實無」。然此並非遍計所執而有的迷情，而係藉種種助緣而生者，亦即離妄情而自存的「理有情無」。此性有「染分依他起性」與「淨分依他起性」的差別，染分指有漏的一切法，淨分指無漏有為的一切法。然而，淨分依他是從遠離煩惱的意義而言，淨分依他起性則包含在圓成實性中，故染分依他即是依他起性。例如，因種種外境而被激怒，若能運用「依他起相」，了知一切相都是依因緣和合則生，依因緣分散則滅；若去計較執著，就是「染分依他起性」，落入了「遍計所執相」。反之，若不計較執著，就是「淨分依他起性」，成就了「圓成實相」。

3.圓成實相

圓成實相又作第一義相、真實相。根據〈一切法相品〉的解說：「謂一切法平等真如。」依他起性的真實之體（真如）乃遍滿一切法（圓滿）、不生不滅（成就）、體性真實（真實）者，故稱圓成實。菩薩若能如實了知「一切法相」，就能斷滅雜染相法，證得清淨相法；若不通達了知，則流轉生死。真如離一切相（無相），一切法之本體悉皆真實，故為「真空妙有」；又此性僅能由覺悟真理之智慧而得知，故為「理有情無」。例如，我們因種種外境而被激怒，如能能夠反觀自照，不計較執著；藉境轉識，淨化深層意識，將能斷除煩惱。依此修行，終能實現聖賢「圓成實相」的境界。

一般人執著心外實有我法，這是錯誤的，所以依「遍計所執」立「相無性」，相即無性，了不可得。因緣所生現象雖然是有的，但不是自然有，所以從「依他起」立「生無性」，非自然生，生而不真。宇宙人生的實質，真實不虛，但必須遠離世人錯誤觀念，空去遍計所執才能證得，所以依「圓成實」立「勝義無性」。

勝義是依無性所顯，修行人除遣遍計所執才能證得。心識的見分、相分皆是「依他起」，「他」是指「因緣」，諸法是仗因托緣而起的。一切萬法的現起，對有情眾生來說是依識變，是由於「阿賴耶識」中的業識種子產生異熟變，變出了外物的「似相分」，這是依他起性、因緣假合、虛幻的。眾生不了解此理，就遍計所執，計度分別，執著萬法為實有，心情隨之起伏、騷動不安。「依他起性（有為法）」的當體就是「圓成實性（無為法）」，依他起是就「相用」來說，但是「體」是圓成實。當「種子起現行」時，如果能不遍計所執，了知緣起性空，當下就證得圓成實性、平等真如。

三種自相中的「依他起」，是修行解脫得證的關鍵。聖賢的解脫境界——「無為法」，就是無執著、無所造作，無生、住、異、滅；而世人的生死輪轉——「有為法」，就是有執著、有所造作，有生、住、異、滅。若能不執著心識實有，稱為「淨依他」，則可證入無為法，得到解脫。若執著心識實有，稱為「染依他」，則墜入有為法，生死輪轉。三種自相與有為法及無為法的關聯，詳如圖二。

佛陀在〈無自性相品〉中，為勝義生菩薩解說相無性、生無性、勝義無性等「三種無性」，述明三自相及三無性相依的妙理，顯空有融和的大義，

圖二：三種自相與有為、無為法

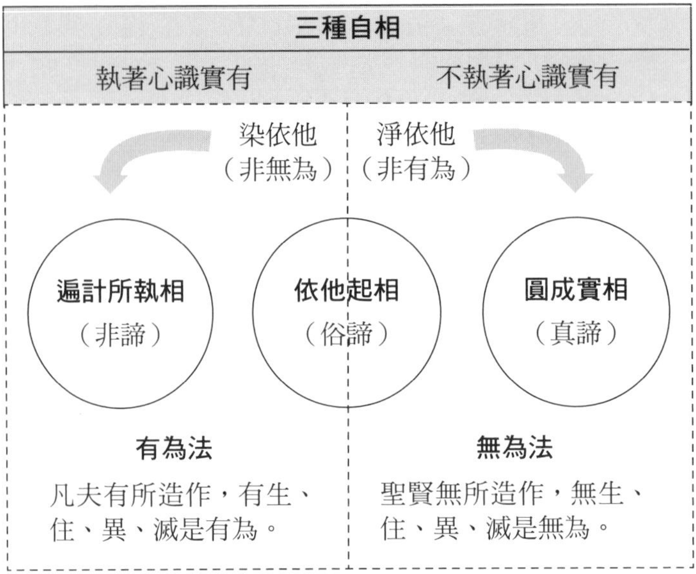

會一乘五姓（性）兩門，判三時教的隱密顯了、了義不了義。

三種無自性包括：相無自性、生無自性、勝義無自性。

（二）三無性

1.相無自性

根據佛陀在〈無自性相品〉的解釋：「謂諸法遍計所執相。何以故？此由假名安立為相，非由自相安立為相，是故說名相無自性。」「相無自性」是透過了解「假名安立相」，來破除「遍計所執相」所產生而被眾生妄執為實體（有自性）的一切法的「自相」。「相無自性」可說是從「假名緣起」的角度，闡明「一切法無自性」的究竟真理。例如，我們因種種外境被激怒，這種外在的境相及內心生起的憤怒相，其實是無自性，都是不實在的。若我們了解「相無自性」，不去計較執著，就不會落入「遍計所執相」。

2. 生無自性

根據〈無自性相品〉解釋：「謂諸法依他起相。此由依他緣力故有，非自然有，是故說名生無自性性。」「生無自性」意指依他緣而生起的一切法皆無自性（無實體）可得。然而，這道理從三自相中的「依他起相」已可了解；「三無性」學說再提「生無自性」，是重申來自於「依他起相」。例如，我們因種種外境而被激怒，若懂得「生無自性」，了知一切相都是依因緣和合則生，依因緣分散則滅；要修行改脾氣，就要運用「淨依他起相」，不計較執著，學習成就「圓成實相」。

3. 勝義無自性

根據〈無自性相品〉解釋：「謂諸法由生無自性性故，說名無自性性；即緣生法，亦名勝義無自性性。……復有諸法圓成實相，亦名勝義無自性性。」由此可知，「勝義無自性」是指從「依他起性」深入了解「生無自性」的道理，最後證成「圓成實」的般若空智，這是「清淨所緣境界」，也是「諸法勝義」（究竟實相）的境界，故稱「勝義無自性」（意即從「勝義」的高度來看，一切法無自性可得）。「勝義無自性」是從「依他起性」和「生無自性」引申而來。例如，我們因種種外境而被激怒，如果能了解「勝義無自性」，知道諸法實相，藉境轉識，淨化深層意識。依此用功，終能體證「圓成實相」的境界。

「依他起性」是轉迷成悟的關鍵所在，也是「三自相」和「三無性」的總樞紐。

佛陀依遍計所執、依他起、圓成實三自相，說明一切法的染淨相；再依三自相，立三無性，顯真了義，詳如表七。

「遍計所執相」依名取相而成，一切法假名安立自性差別為體，令諸有

表七：三自相與三無性

三自相	三無性	三無性釋義
1.遍計所執相	1.相無性	依遍計所執相說：因其是「假名安立」，而不是「自相安立」的。
2.依他起相	2.生無性	根據依他起相說：是依因緣而生，不是自然生的。
3.圓成實相	3.勝義無性	通於依他起（俗諦）與圓成實（真諦）相。無自性性所顯，空所顯性。

情隨見、聞、覺、知而起言說為用；「依他起相」隨遍計熏習擾濁，有種種似相雜染，一切法緣生自性為體，以因緣為用；「圓成實相」以一切法平等真如為體，通達以證無上菩提為用。遠離遍計執著之依他起，清淨一味，即乃圓成。依他遍計執是一切無相法，遍計所執乃相無性法；了知於此，即識空義。「依他起相」是雜染相法，「圓成實相」是清淨相法。菩薩如實了知無相法，就能斷滅雜染相法，證得清淨相法，若不通達，則流轉生死。

佛陀接著在依「三自相」來說明相無性、生無性、勝義無性等「三無性」。在〈無自性相品〉中，勝義生菩薩回顧佛陀曾宣說蘊、處、界、緣起、食、諦、菩提分（三十七道品）等法，後又說諸法皆空無自性，前後相違，請問密意。佛陀答言，一切法皆無自性是依三無性而說。此三無性，依三自相而立。

如來三時說法，因機施教，然而終究法是一乘。佛陀對昔日所說諸法，分別用「三自相」及「三無性」來解釋，並且三時來判攝，第一時《阿含經》說有，第二時《般若經》談空，皆為佛陀隱密不了義說，由於第三時方廣真了義教，解說真空妙有的深隱密義，故此經命名為《解深密經》。

四、諸法唯識所現

「唯識」一詞，首見於《解深密經》的〈分別瑜伽品〉中，慈氏菩薩提出有關諸毘鉢舍那三摩地所行影像，與心識是相同或相異的問題，佛陀回答瑜伽止觀的行相：「善男子！當言無異。何以故？由彼影像唯是識故。善男子！我說識所緣，唯識所現故。」闡明了禪定心識之所緣，僅是唯識之所現，所以並無差異。大乘瑜伽止觀皆依唯識性相妙義宣講，就是不取禪相、不捨定性。這說明了「唯識」的道理，密示一切有情眾生的認識境界，都是唯識所現。

由此可知，一切的事物都是由於「心識」表現出來的，沒有一法不是由我們的認識作用分別出來的。宇宙人生、世間萬有全是「阿賴耶識」的種子變現（識轉變）出來，於心識外，沒有實體的我、法，也沒有實在之外境。一切萬事萬物都由心識的作用，而顯現出來，此即所謂「唯識無境」。

「唯識無境」的「境」字，就是宇宙萬有的一切現象，這一切現象，非外在的真實存在，而是識所變現出來，所以稱作「識所緣，唯識所變」。就是說我們的心能發現萬事萬物，這就是「識所緣」；萬事萬物由心所顯現，所以稱作「唯識所變」。外面有萬事萬物，但是沒有心、沒有眼，就看不見；外面有聲音，耳聾了也聽不到。一切外境皆不過是「阿賴耶識」所顯現，並無實在之外境與認識外境之主觀。三界諸法皆唯識，離識並無實在之外境。

「阿賴耶識」被稱為「心王」，在唯識學中有著非常重要的位置，如同一個國王統領著一切心法和心所法。宇宙一切萬象和見聞覺知皆是心所法的各自現行，所以一切諸法皆不離阿賴耶識。阿賴耶識能攝藏諸法種子，遇緣而顯現諸法，故名為藏識。但此「識」是由生滅與非生滅和合而成，位於淨染中間狀態，因為只有非淨非染才能一切善惡種子皆能藏之。

正因為阿賴耶識是非淨非染，所以哪一方強勝則顯現哪一種果報體。因此，解脫涅槃或流轉生死，皆是阿賴耶識所為，故名阿賴耶緣起。唯識學認為宇宙萬有，皆唯識所現，青、黃、赤、白等色境者眼識所變現，聲境者耳識所變現，香境者鼻識所變現，味境者舌識所變現，法境者意識所變現，乃至末那識恆以阿賴耶識為物件，變現實人實法之影像。所以，從諸識所緣的境必對於其內識所變現的種種影像而言，心外無別法，但緣心內法。一切法不過是能緣識與所緣境相應而顯現。

從「唯識無境」的角度來看，虛妄分別取著的「境」，是遍計所執性，所以必須了解「境空」。而「識」是依他起性，是修行斷惑的下手處，若能不取著外境，則可證入空性，故知「識」是世俗有。而修行所證的空性（二取空性——遠離能取、所取的空性），是圓成實性，是勝義有的，詳如表八。運用「唯識無境」的原理來修行，可以轉識速證空性智慧。

表八：唯識無境與三自相

唯識無境	三自相
境空	虛妄分別取著的「境」，是遍計所執相。
識有（世俗有）	虛妄分別的「識」，是依他起相。
空性也是有（勝義有）	二取空性（遠離能取、所取的空性），是圓成實相。

「唯識無境」關鍵在於阿賴耶緣起理論上。也由此說明了一切法唯識所現。阿賴耶緣起是一切諸法的所依處，有情根身不壞和能生上界，及成佛或

輪轉生死，皆依阿賴耶識的種子為正因。既然是有情根身五蘊所集，必依阿賴耶識為所依處，那麼所緣外境亦為四大合成，虛妄不實，亦是從阿賴耶識所現行。這說明眾生染汙與清淨皆唯識所現。有情眾生依正二報，以及一切法皆唯識所現，所以唯識無境揭示了人們日常生活的錯誤認識，依此而建立萬法的真正所依處——阿賴耶緣起。

所謂「萬法唯識」，一切外境的種種相狀、分別，皆由心識所變現。同樣一件事會有不同的看法，是因為每個人都活在自己心念所塑造的世界。心識攀緣於所現的世界，猶如「杯弓蛇影」的故事，誤石為虎、彎弓射箭穿石之事，也有黑暗中踐踏草繩，誤以為踩到蛇的驚恐等，都是認假為真，執著於虛妄之境所產生的顛倒作為。這些事告訴我們：透過眼、耳、鼻、舌、身、意所認識的世間，不見得是正確的；這個判斷人、事、時、地、物所具意義的心念，其實並不可靠，隨著時間、空間、人事的更迭，念頭、感受也會隨之改變。

說到唯識的現象，佛教經論常提到「一水四見」的故事。同樣都是水，因為眾生業力的不同，對現象界的感受也就不同。對「人」來講，水是透明無色，可以拿來喝的液體；對「魚」來講，水是牠的空氣，也是牠的住家；但是「餓鬼」來看，水卻是膿血；「天人」看水，則像琉璃的固體。眾生會看到不同的結果，就是因為「萬法唯識」，都是由眾生的「識」所變現出來的。投生為人，顯現人的身體跟我們所處的世間，所以很自然地接受世間所有的一切；投生到畜生道，就會顯現畜生的形體與樣貌；故唯識主張一切萬有皆緣起於「阿賴耶識」。

其實，所有煩惱都源於自心的妄想，只因不了解五蘊與四大都是幻有、不實在的，而產生種種執著。若能體悟五蘊假合的「我」，並非真實的自己，受、想、行、識也都是剎那生滅、遷流，是空、無相，五蘊皆是緣起性空，是無常、是假有，就不會因為執著而產生煩惱與痛苦。行善、作惡、受報，都是這念心，投胎轉世乃至解脫，也是這念心，只有當前這一念心才是最實在的。要想了生死，就要在當下這念心去對治。因此，修行應以「心」為著力處，六根接觸六塵時，保持心清楚明白，時時起觀照，知心外無境，

「凡所有相，皆是虛妄」，知而不著，就是轉識成智。

唯識學派認為世間一切都是由人們精神的總體——心識，所變現而來的，其對於身心生命的運作機制，有著超越世俗的精密分析，因此「唯識思想」不僅在佛教學派中舉足輕重，甚至與現代的精神分析心理學，有相輔相成之效，因此受到廣泛重視。「阿賴耶識」是生命相續及變遷的主體，不論是生死流轉或是解脫涅槃，都是由業識的染汙或清淨狀態所決定。

我們要想活得快樂自在，可以從禪定止觀中，體會諸法唯識所現，用以斷除煩惱與執著；進而在日常生活遇到境界時，不被外境所轉，不造作惡業，把握「藉境轉識」的修行機會，就可以逐漸地淨化阿賴耶識。當煩惱現起時，練習去清楚覺察各種外在情境，以及自己起心動念的內在心境，避免造作惡業、熏習種子的惡性循環。只要惡業的種子不反熏到阿賴耶識內，就會形成惡業減少而善業增長的善惡消長，不斷地「轉識成智」，而證得無上菩提。

〈第三篇〉

瑜伽止觀修行

唯識的教理，不能只停留在理論空談上，必須落實在淨化業識的修行；要想「轉識成智」，就要深入學習《解深密經》的〈分別瑜伽品〉，掌握瑜伽止觀的要領。觀禪是提昇智慧的重要方法，而在修觀禪前，要先讓心平靜，所以要先修止禪。瑜伽止觀是唯識修行的重點，佛陀於經中說明瑜伽止觀與外道禪修最大的差異，就在於「定慧等持」。很多外道只注重禪定力，而佛法禪修則是運用禪定力，來增上智慧；以智慧力來斷煩惱，而證得清淨解脫。要達到禪定及定慧等持，必須以止禪來訓練專注的定力，並以觀禪來訓練觀照的慧力。另外，大乘佛法還要以禪定止觀為基礎，修學十種波羅蜜多，行菩薩道利益大眾；善巧運用自利利人的方法，消亡能所對立，斷除根本煩惱，最終成就佛道。

一、分別瑜伽妙行

佛陀在〈分別瑜伽品〉為慈氏菩薩廣辨瑜伽止觀的行相及要點，共有十八門；詳細地說明大乘佛教禪定止觀修行方法的原理及重點，若能徹底了解及掌握，就能實修唯識學的「轉識成智」。簡而言之，要轉化及淨化心識，就要學習瑜伽止觀，才能達成。勤修觀行的瑜伽師，主要修行「止禪（奢摩他）」，以及「觀禪（毘缽舍那）」，止觀於所緣而安心。止觀心行，僅是唯識所現。此品說明菩薩於大乘法中，修習止觀應依法假安立的「十二分教」，以及住於無上大菩提願中。無量聲聞、菩薩、如來所修的無量勝三摩地，都是止觀所攝。此大乘止觀皆依唯識性相妙義宣講，即不取之性、不捨之相。此品教義，實質乃無上之中道了義教。

（二）瑜伽止觀法門

在〈分別瑜伽品〉中，慈氏菩薩問佛陀大乘佛法中修學奢摩他、毘缽舍那的方法。「奢摩他」翻譯為止禪，是止息寂靜的意思，其體是定，令心專注而不散亂。如果要克制內心上心猿意馬的妄念，需要運用集中意志的專注力，才能達成。「毘缽舍那」翻譯為觀禪，是審諦觀察的意思。其體是慧，有簡別抉擇而無錯謬的特性。要想解決纏縛身心的煩惱，必須運用微細而敏銳的觀照力，方能完成目的。有情眾生大都陷溺在散亂、昏沉中不能自拔，唯有修習止觀法門，方能對治。此二大病，若一對治，就可漸次證得無上菩提了。

但止觀二者，「觀」尤重要，因唯運用止力來止息妄念，不能運用觀力照破煩惱，身心是不能達到徹底解脫。所以，奢摩他、毘鉢舍那必須同時運作，達到止觀雙運、定慧等持的境地，才能斷除煩惱，得到解脫。

1.止觀十八要門

佛陀為慈氏菩薩詳細說明瑜伽止觀的行相，共有十八門，開示瑜伽止觀修行的細節，包括：1.分別止觀依住門、2.止觀所緣差別門、3.分別能求止觀門、4.隨順止觀作意門、5.止觀二道同異門、6.分別止觀唯識門、7.修習止觀單複門、8.止觀種數差別門、9.依不依法止觀門、10.有尋伺等差別門、11.止舉捨相差別門、12.知法知義差別門、13.止觀能攝諸定門、14.止觀因果作業門、15.止觀治障差別門、16.止觀能證菩提門、17.引發廣大威德門、18.於無餘依滅受門。這十八門詳盡地說明瑜伽止觀依據「唯識所現」的修行原理，以達到「轉識成智」的目標。

在禪法細節上，分成止禪及觀禪兩種心識作用來探究，即無分別影像的專注力，及有分別影像的觀照力。運用止禪的專注力，達到身心穩定；以便發揮觀禪的觀照力，提昇空性智慧，淨化心識，斷除煩惱而得解脫，就是由「轉識」成智，最終「轉依」清淨。在運用步驟上，可採用緣別法（漸次止觀），分別修止禪及觀禪，先止後觀或先觀後止均可；也可採用緣總法（圓頓止觀），即止禪和觀禪同時修習。不論緣別法或緣總法，最終均以達到止觀雙運、定慧等持為目的。依圓測法師的《解深密經疏》介紹，詳如表九。

表九：止觀十八要門

項目	內容
1. 分別止觀依住門	說明菩薩於大乘法中修習止觀，應依法假安立的十二部經，並安住在無上大菩提願中。

2.止觀所緣差別門	說明止觀所緣的四種境事，即：有分別影像所緣境事、無分別影像所緣境事、事邊際所緣境事、所作成辦所緣境事。
3.分別能求止觀門	前行需先聽聞十二部經教理，再修行止禪及觀禪。
4.隨順止觀作意門	說明順止作意的身心輕安，以及順觀作意的抉擇智慧。
5.止觀二道同異門	止觀皆心境，故無異；止為「無分別心識影像」，觀為「有分別心識影像」，故有異。
6.分別止觀唯識門	毘缽舍那能緣心體，識所緣；所行影像，唯是識。
7.修習止觀單複門	說明止觀一向所修及止觀如何和合俱轉。
8.止觀種數差別門	有三種毘缽舍那：有相、尋求、伺察。
9.依不依法止觀門	說明依法止觀、不依法止觀、緣總法止觀、緣別法止觀。
10.有尋伺等差別門	說明有尋有伺、無尋唯伺、無尋無伺等禪定階層。
11.止舉捨相差別門	修習止觀過程中的三種不同相狀，即：止相、舉相、捨相。
12.知法知義差別門	說明如何詳細了知止觀的方法，以及止觀的義理。
13.止觀能攝諸定門	無量聲聞、菩薩、如來所修的無量勝三摩地，都是止觀所攝。

14.止觀因果作業門	說明修習止觀的因、果及業用。
15.止觀治障差別門	說明五繫、五蓋能障止觀門、分別五種散動門、止觀所治十一障。
16.止觀能證菩提門	依止觀的勤修加行而證無上正等菩提果。
17.引發廣大威德門	說明善知六處能引發菩薩所有廣大威德。
18.於無餘依滅受門	說明於無餘依涅槃界中無餘永滅的諸受。

2.止觀心境唯識

佛陀在〈分別瑜伽品〉中說明，止禪是以「無分別影像」為所緣境，觀禪是以「有分別影像」為所緣境。止禪及觀禪的心識影像本質是相同的，都是運用心識的作用來作意；然而，止禪及觀禪的心識影像境況是相異的，止禪心境是專注而無分別的，觀禪心境則是觀想而有分別的。總括而言，止禪及觀禪都是運用心識的作用，來修習專注力及觀想力，本質相同，但運用不同而已。在修學禪定止觀的過程中，隨順奢摩他的勝解作意，稱為「順止作意」。順止的內心，有攝持令心專注的功用，而無揀別思維的能力。隨順毘鉢舍那的勝解作意，稱為「順觀作意」。順觀的內心，有揀別思維的作用，而無令心相續靜止的功能。不論順止或是順觀作意，它們都是心意識的作用。

另外，佛陀為慈氏菩薩解答「止禪」與「觀禪」是相同或相異的問題，兩者可以說非有異、非無異的。因為「止禪」所緣的心，與「觀禪」所緣境者，是止觀相應俱轉，互相輔助的。止禪和觀禪兩者，本質境是一個，影像境是相似的，說非有異。觀禪所緣的境事，是有分別影像，止禪所皆的境事，是無分別影像。由於有分別、無分別影像的差別不同，所以說非無異。

止禪與觀禪的所行影像及能緣心體，應當說是沒有差別的，兩者所緣三摩地所行的影像，不是外在的實境，而是內在的「唯識」。「唯識」有兩個意思：一是決定義，說此內在影像，決定唯是心識的作用，不會成為外在的實境，所以說「唯是心識」。二是簡別義，說彼影像，不是外在的實境，而是唯為內心所現，所以名為「唯識所現」。

唯識學的義理，在成立有心無境，而建立「唯識無境」的道理。一切的物相，乍看好像是外在的實境，有別體的能取及所取，其實一切物相，都是虛妄分別心所現、所攝的。佛陀見世人由執外境而受痛苦，為大眾解說三界唯心（所緣的外境是唯心所造）、萬法唯識（能緣的內心是唯識所現）的真理，如果能夠捨棄實有外境的妄執，進而除遣能緣的妄識，境滅心空，就得解脫了。

3. 止觀修道次第

〈分別瑜伽品〉中特別提出，修學止觀先要聽聞教理十二分教，如理思惟發三摩地，再思惟定中所知的影像，了知此所認識的影像，唯是其識而無實有的外境。行者得到這深刻的認識後，再進一步地去思惟，認為既沒有實在境，自然離於能取的識，離於所取的境。因能取、所取，是相待安立的，所取既無，能取當亦沒有，就證得「二取無」的智慧了。

修學止觀可分為「單修（分別修，分修）止觀」和「複修（同時修，齊修）止觀」。單修觀的行者，若於定心所攝的相續作意，唯思惟「有分別影像」，就名為「一向修毘鉢舍那」。修止的行者，若於定心相攝的相續作意，唯思惟「無分別影像」，就名為「一向修奢摩他」。

單修止觀就是分開來修學「止禪」與「觀禪」，是一種「漸次止觀」，類似禪宗的漸悟法門。如果要複修止觀，需知「奢摩他」與「毘缽舍那」，是屬心所法，兩者可以和合平等俱轉。「奢摩他」的心一境性，與「毘缽舍那」所緣的心一境性，是可以合併修學的。

現說若正思惟，不是唯「奢摩他」或唯「毘缽舍那」所緣的心一境性，而是止觀二品和合俱轉所緣的心一境性。複修止觀就是將「止禪」與「觀禪」合併修學，是一種「圓頓止觀」，類似禪宗的頓悟法門。

〈分別瑜伽品〉中，佛陀說明修學止觀，必須先了解止觀方法的內容，稱為「知法五相」，如經文所列的是名、句、文、別、總等五相，詳如表十。

「名」就是名詞，詮釋諸法的自性，假安立名而有種種名言。諸法雖多，不外雜染的一切法及清淨的一切法。雜染煩惱、業、生的三雜染；清淨就是一切離繫的菩提分法。這諸法的自性，本來沒有名稱，然經人們的想像

表十：止觀法門修學內容的知法五相

項目	內容
「名」即名詞	詮顯諸法的自性，假安立名而有種種名言。
「句」即句子	相關名詞貫穿成為一個完整的句子，顯示某一意義，說名為句，可詮顯諸法的差別。
「文」即文字語言	名句為所依止，能夠表彰名句，所以名文。
「別」即緣別法奢摩他、毘缽舍那	緣於各別契經等法，在修習的過程中，漸漸地了知，是為各別所緣作意。
「總」即緣總法奢摩他、毘缽舍那	以一切契經等法總相所顯的真如為所緣境，能普遍了知一切法的法性，名為總合所緣作意。

構畫，從無名中假安立名，說這是雜染的，說那是清淨的，而有種種名言。

「句」就是句子，相關名詞貫穿成為一個完整的句子，顯示某一意義，說名為句，可詮顯諸法的差別。在許多名詞中，把各個獨立的相關的名貫穿、聯綴起來，成為一個完整的句子，圓滿顯示某一意義。如煩惱是個名，雜染也是個名，將此兩者聯綴起，名為煩惱雜染，就成完整的一句，顯示這是煩惱雜染，不是業、生雜染。換句話說，要依於名句集上，方得建立染淨諸義。「名」只詮顯諸法的自性，「句」可詮顯諸法的差別。如說諸行無常，諸行是諸法，無常是差別，此即在諸法的差別上，增加諸行無常的一語，去詮釋差別的意義。

「文」就是「文字語言」，名句為所依止，能夠表彰名句。「文」有二義：一是能顯，謂為名句所依，近則可以顯了名句，遠則可以顯了其義。二是表彰，謂與名句為所依止，能夠表彰名句。

「別」是「緣別法」奢摩他、毘缽舍那，就是單修止觀。修止觀的行者，以修習作意為先，緣於各別契經等法，於所受所思惟法，各別所應知相，在修習的過程中，漸漸地能夠了知，是為各別所緣作意。

「總」是「緣總法」奢摩他、毘缽舍那，就是複修止觀。修止觀的行者，由修作意為先，以一切契經等法總相所顯的真如為所緣境，如是如是地修習，即能普遍了知一切法的法性了，所以名為總合所緣作意。

了解止觀的方法之後，就要進一步了知方法所依據的道理，也就是義理（方法論），以及止觀修學的次第步驟。佛陀在〈分別瑜伽品〉中告訴慈氏菩薩，止觀法門的義理，共有十相，詳如表十一。

⑴知盡所有性：以分析法了知一切法，總略為雜染、清淨的兩大類。雜染法中，盡其所有，不出煩惱、業、生的三種雜染；清淨法中，盡其所有，不出世間清淨及出世間清淨等兩種清淨。有情眾生身心中，「五蘊」總攝一切有為諸法。色蘊攝一切色、受蘊攝一切受、想蘊攝一切想、行蘊攝一切行、識蘊攝一切識，離識蘊外，更無餘識。有情眾生身感官中，「十二處」總攝一切諸法，皆此內外處攝，離內外處，更無餘法。六觸內處，是指眼、耳、鼻、舌、身、意的內六根；六觸外處，是指色、聲、香、味、觸、法的外六塵。「四聖諦」總攝一切所知的事，離四聖諦外，再沒有其他的所知事。以分析法，觀照三科（五蘊、十二處、十八界）等，生命個體乃至萬事萬物都是種種因緣和合，因緣生且因緣滅，並非實有。

表十一：止觀法門修學次第的知義十相

項目	觀禪修行細節
1. 知盡所有性	以分析法，觀照三科（五蘊、十二處、十八界）等，生命個體乃至萬事萬物都是種種因緣和合，因緣生且因緣滅，並非實有。
2. 知如所有性	以綜合法，觀照出空性智慧： 小乘：無常、無我（斷第六識之人我執）。 大乘：平等（斷第七識之法我執——自他對立）。
3. 知能取義 4. 知所取義	消亡能所（消除二元對立）。 斷第八識之法我執——見分、相分對立。
5. 知建立義 6. 知受用義	雖知時空的建立非實，仍以器世間依持眾生。 雖知資具的受用非實，仍以資具來利益眾生。
7. 知顛倒義 8. 知無倒義	因地以苦、空、無我、無常，了知世間顛倒。 果地以常、樂、我、淨，體證諸佛真理境界。
9. 知雜染義 10. 知清淨義	了知三種雜染（起惑↓造業↓受苦）的惡性循環。 以菩提分法，度一切眾生離生死，得清淨涅槃。

(2)知如所有性：以綜合法了知一切法，染淨諸法各有他的自性相，因他所有的自體性，就可以歸納出整體的真實相。〈分別瑜伽品〉中由七種真如，綜合歸納出四種平等。由流轉（無先後）、安立（苦諦）、邪行（集諦）三種真如，歸納出「一切有情平等」；由相（我法二相）、了別（識）兩種真如，歸納出「一切諸法平等」；由清淨真如（滅諦），歸納出「阿耨多羅三藐三菩提平等」，即三乘所得菩提平等；由正行真如（道諦），歸納出「所攝受慧平等」，即止觀所證智慧平等。總之，就是以綜合法，觀照出空性智慧：小乘佛法從觀無常、無我入手，斷第六識人我執；大乘佛法從平等入手，斷第七識法我執，也就是自他對立。

(3)知能取義：一切法有能取、所取的兩類。有生命體上的眼、耳、鼻、舌、身的五色根，及內在活動的意識等諸心法，皆能領取色等為自境界的，所以名為能取。

(4)知所取義：可為能取之所取的對象，就是色、聲、香、味、觸、法的外六處，以是同為意識之所緣取的物件。知能取、所取義，消亡能所，也就是消除二元對立；斷除第八識法我執，也就是見分（主體）、相分（對象）的對立。

(5)知建立義：建立就是施設有情的依處。有情是正報，器界是依報，唯有在器世界中可得建立一切諸有情界。由於有情有三界、五趣、四生等的種種差別，也就有若染、若淨的無量器世界的差別相立。十方界量，謂從一個三千世界量，說到無數百千三千世界量，更時而以微塵量，量度百千無數三千大千世界，如是乃至於十方面，如是世界，無量無數。菩薩行者雖知時空的建立非實，仍以器世間依持眾生。

(6)知受用義：受是領納的意思，用是資益的意思，合起來說，就是領納一切資生之具，以資益自己的身心。有情眾生各自為了資養的身體，會各自引攝外器世界的所有資生之具，慢慢地受用。堪為眾生受用的資具雖說很多，然而歸納起來，不外十種資具：食物、飲品、車乘、衣服、莊嚴器具、歌笑舞樂、香鬘塗末、什物、照明之具、男女受行。菩薩行者雖知資具的受用非實，仍以資具來利益眾生。

(7)知顛倒義：顛倒是從錯誤思惟而來的，不能正確地了知、思考，而執著錯誤的境相。由於執著境相而起憶想分別，由憶想分別而又再生起顛倒妄想。我們所處世間的現實情況，其實是無常、苦、無我、不淨的。然而，世人常起的顛倒妄想，卻是無常計常、苦計為樂、無我計我、不淨計淨等四種顛倒。

(8)知無倒義：要詳細觀察一切諸法，正確而無顛倒地了知、思考，了解現實世間是無常、苦、無我、不淨的，而不起顛倒妄想。另外，對於佛陀教導我們修行得解脫的境界，它的狀態反而是常、樂、我、淨的，也必須有正確的認識，而不生錯誤顛倒。

(9)知雜染義：就是了知三種雜染（起惑↓造業↓受苦）的惡性循環，進而以智慧力來斷除煩惱。三種雜染，是指有情生死流轉的現象，根本煩惱及隨煩惱，總名煩惱雜染；三界所攝的身業、語業、意業，總名業雜染；生命所有的生老病死苦、怨憎會苦、愛別離苦、求不得苦、五蘊熾盛苦，總名生（苦）雜染。

⑽知清淨義：就是以菩提分法，度一切眾生離生死，得清淨涅槃。煩惱、業、生的三雜染，都屬於令有情大眾綁縛在三界六道的繫縛法。由他就令有情不得出離，要想解決繫縛，出離三界，證得解脫，唯有修習菩提分法方有可能，所以名為離繫菩提分法。

（二）定慧修行體系

在〈分別瑜伽品〉中，慈氏菩薩再向佛陀提問，了知法義的菩薩，為了進一步地除遣諸相，特別精勤勇猛地修諸加行。但是，諸相中有哪幾種相，最為難可除遣呢？而這難可除遣的幾種相，又如何除遣呢？

佛陀回答，可以使用止觀法門修學次第之「知義十相」，證得十七種空性智慧，來除遣十種相。了知法義，能證「一切法空」，可以除遣文字相。眾生如在所聞的法義上，生起文字相執，那就唯有一切法空能夠正式地除遣它了。

了知安立真如義，就是了知四聖諦中的苦聖諦。現知這生命的苦果有兩種相貌：

⑴生、住、異、滅的四相。

⑵相續隨轉的形相。

由「相空」除遣生、住、異、滅相；由「無先後空」，除遣相續隨轉相。了知能取義，可以除遣顧戀身相及我慢相。以五色根取色等境，便以為我能攝取諸法，染著於身，顧戀不捨，名顧戀身相。以諸心法能夠認識分別諸法，便恃已淩他地生起我慢，以為我是如何能得愛不愛境，名為我慢相。

由「內空」除遣顧戀身相，「無所得空」除遣我慢相。了知所取義，可以除遣顧戀財相。顧戀財相就是對色、聲、香、味、觸等外境，產生顧戀執著了，「外空」能夠除遣這種相。了知受用義，可以除遣內安樂相、外淨妙相。

受用資具時生起兩種執著相：

⑴依內自身生起安樂相。

⑵依外他有情起淨妙相。

由「內外空」及「本性空」能夠除遣這兩種相。

了知建立義，可以除遣無量世界相。建立一切諸有情界的器世界，於十方面有無量無數的三千大千世界，有情眾生執著地以為是恆常的。只有證得「大空」，才能除遣這種相。了知無色，可以除遣內寂靜解脫相。

無色是指四無色定：即空無邊處解脫、識無邊處解脫、無所有處解脫、非想非非想處解脫。修無色定者，得到內心寂靜，不知這不究竟，以為就是解脫，名內寂靜解脫相。唯有證得「有為空」，能夠除遣這種相。了知相真如義，會生起四相：即人無我相、法無我相、唯識相、勝義相。由「畢竟空」，除遣人無我相；「無性空」，能夠除遣法無我相；由「無性自性空」，除遣唯識相；由「勝義空」，能正除遣勝義相。了知清淨真如義，可以除遣有無為相、無變異相。修行四聖諦的滅聖諦，會生起無為相及無變異相。無生、住、異、滅的四相，名無為相；常住一味相，名無變異相。能除遣這二相的，是「無為空」及「無變異空」。即於彼相對治空性，可以除遣空性相。即於彼相指前九相，對治空性，指前十六相。

為對治彼相而思惟十六空時，即有十六種的空性相現前，所以說作意思惟故，有空性相。這空性相，唯有「空空」能正除遣，詳如表十二。其中，第一項至第七項所證空性，共通於小乘解脫道，能除遣「文字相」乃至「寂靜解脫相」，斷除「人我執」；第八項至第十項所證空性，為大乘菩薩的不共法，能除遣「補特伽羅無我相」乃至「空性相」，徹底斷除「人我執」及「法我執」，甚至連涅槃及成佛，都毫不執著。

佛陀在《解深密經》說明「十七空」可以除遣修行過程中的「十種相」。它是菩薩修行，重在離妄執，脫落名相的體悟，也是大乘聖者無住著、無罣礙的心境。

「十七空」包括：

⑴一切法空：又作諸法空。即於蘊、處、界等一切法，自相不定，離取相。

⑵相空：又作自共相空、自相空。即諸法總別、同異之相不可得。

⑶無先後空：又作無始空、無限空、無際空。一切法雖生起於無始，亦

表十二：十七空除遣十種相

知法十義	證十七空	除遣十相
1.了知法義	一切法空	除遣文字相
2.了知安立真如義	相空及無先後空	除遣生滅住異性、相續隨轉相
3.了知能取義	內空及無所得空	除遣顧戀身相、我慢相
4.了知所取義	外空	除遣顧戀財相
5.了知受用義	內外空及本性空	除遣內安樂相、外淨妙相
6.了知建立義	大空	除遣無量世界相
7.了知無色	有為空	除遣內寂靜解脫相
8.了知相真如義	畢竟空、無性空、無性自性空及勝義空	除遣補特伽羅無我相、法無我相、若唯識相、勝義相
9.了知清淨真如義	無為空、無變異空	除遣有無為相、無變異相
10.於彼相對治空性	空空	除遣空性相

於此法中捨離取相。

(4)內空：指眼等六內處中，無我、我所及無眼等之法。

(5)無所得空：又作不可得空。即諸因緣法中，求我、法不可得。

(6)外空：指色等六外處中，無我、我所及無色等之法。

(7)內外空：即總六根、六境內外十二處中，無我、我所及無彼之法。

(8)本性空：又作性空、佛性空。即諸法自性空。

(9)大空：即於十方世界，無本來定方彼此之相。

(10)有為空：即因緣集起之法與因緣之法相皆不可得。

(11)畢竟空：又作至竟空。即以有為空、無為空破一切法，畢竟無有遺餘。

(12)無性空：又作無法空、非有空。即諸法若已壞滅，則無自性可得，未來法亦如是。

(13)無性自性空：又作無法有法空。

(14)勝義空：又作第一義空、真實空。即離諸法外，別無第一義實相之自性可得，於實相無所著。

(15)無為空：即於涅槃法離定取。

(16)無變異空：又作散無散空、不捨空、不捨離空。即諸法但和合假有，故畢竟為別離散滅之相無所有。

(17)空空：不著內空、外空、內外空。大乘佛教「一切法無自性」的甚深空性思想，以小乘佛法「內空」、「外空」、「內外空」、「有為空」等為基礎，開展出「畢竟空」、「無性空」、「無性自性空」及「勝義空」，徹底對治「人我執」及「法我執」。再以「無為空」、「無變異空」袪除對涅槃的執著，最終連成佛都不執著，達到「空空」的境界。

《解深密經》所說的「十七空」，與《大般若經》所提出的「十八空」、「二十空」，數量並不一致，其內容是否有差異呢？根據《解深密經疏》卷七的解說：「釋十八空，與前二十空。開合有異，義無寬狹。合二十中散無變異，為散無散空。合自相空共相空，名自共相空。」也就是說，《大般若經》所提出的十八空，是將二十空中的「散空」及「無變異空」合併為「散無散空」；並將「自相空」及「共相空」，合併為「自共相空」，所以從二十項變為十八項。

另外，根據《解深密經疏》卷七：「然依此經，有十七空。於二十空中，闕散自性二空。合二十中自相共相為一相空，故有十七。十八空中，闕散自性二空。」故知《解深密經》所說的十七空，除了將二十空中的「散空」及「無變異空」合併為「無變異空」，將「自相空」、「共相空」合併為「相空」，還將與「本性空」相似的「自性空」祛除了，而成為十七項。

由此可知，不論「十七空」或是「十八空」及「二十空」，雖然數量不同，開合有異，但義理無寬狹之分，內容是相同的，詳如表十三的比較。

表十三：諸經空性內容比較

十七空（《解深密經》）	十八空（《大般若經》、《十八空論》）	二十空（《大般若經》）
1. 一切法空	1. 一切法空	1. 一切法空

2.相空（自共相空）	2.自共相空	2.自相空
		3.共相空
3.無先後空（無始空）	3.無始空	4.無始空
4.內空	4.內空	5.內空
5.無所得空（不可得空）	5.不可得空	6.不可得空
6.外空	6.外空	7.外空
7.內外空	7.內外空	8.內外空
8.本性空	8.本性空	9.本性空
9.大空	9.大空	10.大空
10.有為空	10.有為空	11.有為空
11.畢竟空	11.畢竟空	12.畢竟空
12.無性空	12.無性空	13.無性空
	13.自性空	14.自性空
13.無性自性空	14.無性自性空	15.無性自性空

14.勝義空（第一義空）	15.第一義空	16.第一義空
15.無為空	16.無為空	17.無為空
16.無變異空		18.無變異空
	17.散無散空	19.散空
17.空空	18.空空	20.空空

佛陀在〈分別瑜伽品〉告訴慈氏菩薩說：「善男子！如我所說無量聲聞、菩薩、如來，有無量種勝三摩地，當知一切皆此所攝。」不論是聲聞解脫道、大乘菩薩道，所有八萬四千法門，乃至無量無數的殊勝三摩地法門，都是止觀所攝，沒有一種三摩地，不是止觀所攝的。每一種法門都可讓我們開悟解脫，趣證涅槃實相的真理。

中國佛教天台宗智者大師，被尊稱為「東土小釋迦」，在他所著《修習止觀坐禪法要》也提出：「若夫泥洹之法，入乃多途。論其急要，不出止觀二法。」證入涅槃的法門有多種路途。然而，法門雖然有很多，而此止觀二法，可以該羅一切行門，而且為一切法門中最直接、最緊要之法。《修習止觀坐禪法要》對此做進一步解釋說：「所以然者，止乃伏結之初門，觀是斷惑之正要；止則愛養心識之善資，觀則策發神解之妙術；止是禪定之勝因，觀是智慧之由藉。」由此可知，「止（禪）」可以讓身心穩定，以禪定力來降伏結使；而「觀（禪）」則可以提高覺性，以智慧力來斷惑證真。

止觀二法，能夠產生禪定及智慧，是一切佛教無量法門，可以藉修行而開悟解脫的重要原理。止觀二法，不只是中國佛教天台宗重視，中國十大佛教宗派的法門，也都不離「止禪」及「觀禪」。例如，禪宗曹洞派的「默照禪」，默而常照、照而常默，就是止觀雙運。禪宗臨濟派的「話頭禪」，專注話頭，提起疑情，也是止觀雙運。淨土宗的「持名念佛」，念而無念是止、無念而念是觀，亦念此止觀；賢首宗的「五教止觀」，修法界觀，行普賢行，即修此止觀；唯識宗的修唯識觀，亦不離此止觀。只不過每個宗派，對於止觀之名，或有或無，或用其他的異名詞而已。可知止觀二門，為一切入門之要道，泥洹大果之勝路；所以說，無量法門不出止觀二法。

〈分別瑜伽品〉中有一段慈氏菩薩請教佛陀，關於修行止觀因果的問答：「『世尊！此奢摩他、毘缽舍那以何為因？』『善男子！清淨尸羅，清淨聞思所成正見，以為其因。』『世尊！此奢摩他、毘缽舍那以何為果？』『善男子！善清淨戒、清淨心，善清淨慧，以為其果。』」可以整理出止觀法門的完整修行體系，也就是持戒、禪定、智慧等次第增上的「三增上學」。

清淨尸羅、清淨聞思是止觀的因；而善清淨心、善清淨慧是止觀的果。慈氏菩薩提問：「修學止觀以什麼為因呢？」佛陀回答有二原因，一個是清淨尸羅，嚴格地守持所受的淨戒，內心歡喜而沒有什麼愧悔，於是身體便得輕安，身輕安故，內心就寂靜，所以戒是定因，由持戒而生禪定。另一個是清淨聞、思二慧所成的正見。正見生起又能持戒清淨，就能修學禪定止觀。

慈氏菩薩又提問：「修學止觀可以得到什麼成果呢？」佛陀回答：「善清淨心，是修『止禪（奢摩他）』所得的成果。善清淨慧，是修『觀禪（毘缽舍那）』所得的成果。所得定慧之果，是無漏而不是有漏的，所以名善；

是清淨而不是雜染的，所以名為清淨。」由此可知，完整的止觀法門修行體系，就是由持戒而增上禪定，由禪定而增上智慧的「三增上學」。

因為清淨持戒，訓練正念專注，讓身心能夠穩定，而得到禪定，即所謂「增上戒學」，成就八正道的「正念」；由於善清淨心，身心穩定而能夠冷靜思維，而得到清淨智慧，即所謂「增上定學」，成就八正道的「正定」；由於善清淨慧，能夠斷除煩惱及習氣，而得到解脫，即所謂「增上慧學」，成就八正道修學所成就的智慧，或稱為「正道智」。持戒、禪定、智慧這三種增上學，可以斷除貪、瞋、癡等煩惱，不再漏落生死輪迴，又稱為「三無漏學」。持戒、禪定、智慧三種增上學，再加上由慧斷惑，斷惑離苦則得到「解脫」，成就八正道的修學所成就的寂靜涅槃，或稱為「正解脫」。實證解脫所得的圓滿智慧的「解脫知見」，成就解脫智慧，或稱為「正果智」。由「三無漏學」加上實證等「解脫」及「解脫知見」，成為「五分法身」。詳如圖三所示。

想要修學「三無漏學」而成就「五分法身」，必須先學習經教義理，由

圖三：定慧修行完整體系

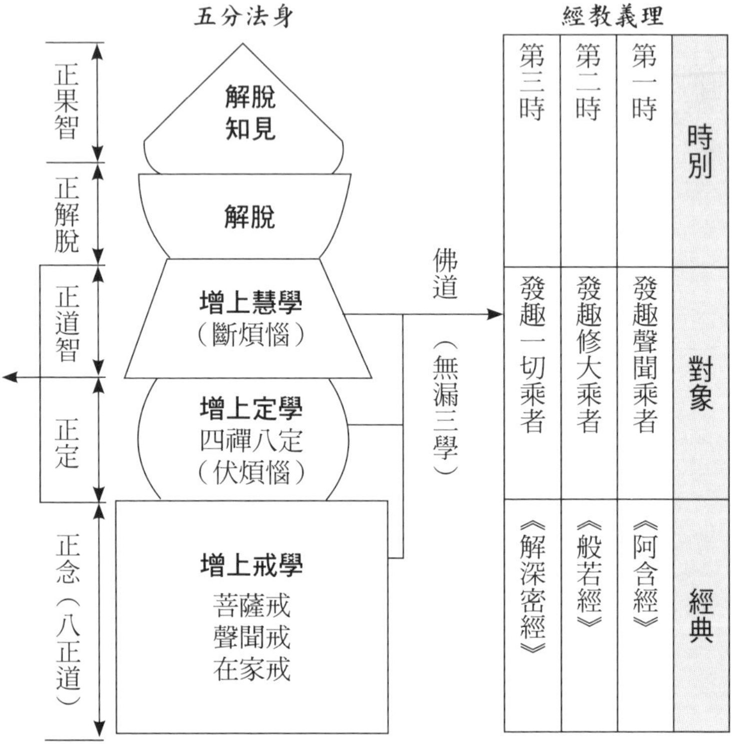
五分法身
經教義理
正果智
正解脫
正道智
正定
正念（八正道）
解脫知見
解脫
增上慧學
（斷煩惱）
增上定學
四禪八定
（伏煩惱）
增上戒學
菩薩戒
聲聞戒
在家戒
佛道
（無漏三學）
時別
第一時
第二時
第三時
對象
發趣聲聞乘者
發趣修大乘者
發趣一切乘者
經典
《阿含經》
《般若經》
《解深密經》

聽聞慧經教、正法而生起勝解，而於所緣的真如，令心信解堅定，沒有一點猶豫，這是「聞慧」的功能。由如理思惟而發生智慧，而於所緣的真如，善巧思擇，令心通達了知，沒有一點顛倒，這是「思慧」的功能。

佛陀於第一時，為了自求解脫的「發趣聲聞乘者」，宣講《阿含經》教理，由於偏於小乘解脫道，所以是「未了義」。於第二時，為修大乘菩薩道的「發趣修行大乘者」，宣講《大般若經》「一切諸法皆無自性」的教理，但由於太過簡略隱密，容易造成頑空、斷滅的誤解，所以是「猶未了義」。於第三時，為修各乘的「發趣一切乘者」，宣講《解深密經》，將「一切諸法皆無自性」，改以「三種無自性性」來詳細解說，不會造成頑空、斷滅的誤解，所以是「真了義」。

菩薩行者要想成就「五分法身」，必須先學習經教義理，先聽聞《解深密經》經教，再如理思惟經中的義理，最後還需實修實證，由勝定發生智慧，而依真如的言教，令心安住，使之速證現觀，這是「修慧」的功用。聽聞、思維、修行等三種慧學，可以斷煩惱得解脫，乃至證得解脫知見。在修行果證上，則需以「四聖諦」、「十二因緣」、「三十七道品」等根本法門為基礎，進修禪定止觀，達到定慧等持，最終徹證大乘佛法的「無餘涅槃」，也就是成佛。

禪定止觀的修行，也就是「增上定學（八正道的「正定」）」及「增上慧學（八正道的「正道智」）」的修行，可以分為「漸次止觀」及「圓頓止觀」兩種修法。「漸次止觀」就是單修止觀，將止禪與觀禪分開來修學，猶如禪宗北派的漸悟法門。「圓頓止觀」就是複修止觀，將止禪與觀禪合併一起修學，猶如禪宗南派的頓悟法門。

「漸次止觀」先修止再修觀，最後再達成「止觀雙運」；「圓頓止觀」合併修行止觀，直接進入「止觀雙運」。「漸次止觀」的優點是次第步驟明確，適合所有鈍利根器來修行；「圓頓止觀」的優點是操作效率良好，但只適合利根器的人來修行。這兩種止觀，一漸一頓，各有優點，沒有好壞之分，只有根器適應之別。止觀法門雖有漸頓之分，但修行所實證的果位，都是解脫涅槃。

不過，涅槃又可分為「有餘依涅槃」及「無餘依涅槃」兩種。通達一切法的寂滅性，離煩惱而得到內心的解脫，名為涅槃，但由前生惑業所感的果報身還在，尚有所餘，是為有餘依；煩惱斷盡而果報身亦滅，不再有物我、自他、身心的拘礙，了無所餘，是為無餘依。涅槃是眾苦息滅永寂的意思，小乘解脫道的最高果位為阿羅漢，所證涅槃境界為「有餘依涅槃」；而大乘菩薩所證的最高果位為成佛，諸佛所證涅槃境界為「無餘依涅槃」，般涅槃時，一切諸受無餘永滅。

佛陀在〈分別瑜伽品〉，以「陶煉生金」的譬喻，來比喻菩薩行者禪定止觀的修行過程。修行就是陶煉自己的內心，就像陶煉生金的方法。有三種過程：1.除垢陶煉，2.攝受陶煉，3.調柔陶煉。第一是除垢陶煉，漸漸地除去金中汙垢，乃至唯有淨金。第二是攝受陶煉，謂即於彼鄭重銷煮。第三是調柔陶煉者，謂銷煮已，更細煉治瑕隙等穢。陶煉生金可以祛除一切垢穢，使所陶煉的金性，調柔隨順，隨其所樂地要如何轉變就如何轉變，可做種種莊嚴飾具。勤修瑜伽的行者，將內心的一切粗細垢穢除去，就可隨心所欲，或安立在奢摩他品上，或安立在毘鉢舍那品上，於種種義中，如所信解的皆能成辦。

在解深密法會中，大眾聽佛陀宣說瑜伽了義教的，各類眾生得到四種的勝利差別：

1.發心勝利

約有六十萬的眾生，聽了瑜伽了義教後，發起上求下化的大菩提心來。

2.遠塵離垢

這是一分聲聞得的利益。約有三十萬的聲聞，聽了瑜伽了義教後，遠離現行煩惱塵，除去煩惱種子垢，而開悟見道。

3.得解脫益

這也是一分聲聞得的利益。約有十五萬的聲聞，聽了瑜伽了義教後，永盡愛漏，得心解脫，永盡無明漏，得慧解脫。

4.得無生忍益

這是菩薩所得的利益。約有七萬五千菩薩，聽了瑜伽了義教後，得到廣大的瑜伽作意。廣大，指人、法二空，瑜伽，即止觀二道。菩薩獲得緣二空性的止觀作意，名為廣大瑜伽作意。如上所說，都是由聽聞瑜伽了義教所得的殊勝利益。所以，聽聞正法、如理思性、依教修行，必然可得殊勝的功德利益！

二、十地波羅蜜多

《解深密經》的〈分別瑜伽品〉是瑜伽止觀的勝解行；〈地波羅蜜多

品〉是瑜伽止觀的如實行。在菩薩進趣佛果的實踐中，此二雖皆通於地前地後，但就其偏勝說，勝解行，重在地前（未證初地以前）的修習；而如實行，重在地上（已證初地以上）的修習。地前修習的勝解行，著重個己的身心修養；地上修習的如實行，著重化他的善巧運用。佛陀在〈地波羅蜜多品〉為觀自在菩薩及大眾，宣說菩薩十地乃至佛地，菩薩所應學習的事項，及其所對治愚癡粗重，可以斷障證真。

（一）菩薩十地位階

在〈地波羅蜜多品〉中，佛陀說明諸地名義差別：極喜地、離垢地、發光地、焰慧地、極難勝地、現前地、遠行地、不動地、善慧地、法雲地、佛地，而由四種清淨普攝諸地。

四清淨是：

1. **增上意樂清淨**

能攝第一地。意樂，是內心向上的一種欲求，即是與無分別智相應，而具有希求勝解性者，為意樂的自體。增上意樂清淨，在十地中，能攝極喜地。

2. 增上戒清淨

能攝第二地。戒是修行者所最要的道德律，向有性戒、遮戒之說。到二地的階段，性戒具足，不特粗戒，就是最極微細的細戒，也不毀犯。由於本身的持戒謹嚴，止息犯戒，離不善業道，修諸善業道。所以增上戒學的清淨，能攝第二離垢地。

3. 增上心清淨

能攝第三地。增上心，就是增上定學，定是對散亂說的。進入三地的聖者，發起精進求法的修行，從所聞法，如理思惟，法隨法行，於是便遠離惡不善法，得世俗的四種靜慮、四無色定、四無量、五神通等。但不耽著這些定境，從靜定中，為諸眾生作諸益利。所以說增上心清淨，能攝第三發光地。

4. 增上慧清淨

能攝第四地至第十地，乃至佛地。三無漏學中的增上慧學，總攝後面的第八地到第十地的慧門，輾轉殊勝於前。

菩薩到達第四地的階段，具有種種智慧光明，不特外道魔軍的智力，不能映奪傾動，就是教內聲聞、緣覺的聖者所有智慧光明，可以焰燒煩惱，所以稱為第四焰慧地。第五地是諸諦相應增上慧住。證得此地的菩薩，所有眾多的殊勝功德，不斷地增盛。這悟空理、度群眾的菩薩慧光，能於聖諦抉擇正邪，是極難能殊勝的，所以名第五極難勝地。

第六地是緣起相應增上慧住。雖於寂靜見寂靜德，而不安住其中，反來世間化度所有可化的眾生；雖在世間見世間樂，而不為其所染，反更積極斷除所應斷的惑染，這是強有力的慧智現前，稱為第六現前地。

第七地是有加行無相住。悲智具足的菩薩，雖能做到不為世法所染，但因所求的佛智尚未證得，所以就進一步極力尋求勇猛加行，期能藉此努力前進，入清淨住速證菩提。這種無間無缺精勤加行，是有加行有功用的無相住，稱為第七遠行地。

第八地是無加行無相住，步入此地就能證得菩薩第一最勝極清淨忍。捨前所有有加行有功用道，其心升上無加行無功用任運而轉的不動勝道，名為無加行無相住，稱為第八不動地。

第九地是四無礙解住。無功用行的聖者，於諸法中起加行智，為他宣說一切種法，縱橫自在無礙辯說，使諸有情利益安樂意樂清淨，名為無礙解住，稱為第九善慧地。

第十地是最上成滿菩薩住。得無礙解的菩薩，一切行相悉皆清淨，就他的資格說，是可得佛受法灌頂了。在諸菩薩中，得到最高、最上的地位，並成就圓滿菩薩所行的一切，所以名為最上成滿菩薩住，稱為第十法雲地。

第十一地是如來住。這是指永斷一切煩惱習氣隨眠障礙後，而證得最高無上的佛果，說名如來住的，稱為佛地。

四種清淨是真實的功德，所攝地是安立的假名；以清淨攝諸地，就是以實攝假之義。詳細對照如表十四。

表十四：十地的修行要點

十地名	修行內容	四種清淨	修行成果
1.極喜地	布施	增上意樂清淨	1.證入菩薩正性離生。
2.離垢地	持戒	增上戒清淨	2.能於微細毀犯誤現行中正知而行。
3.發光地	禪定	增上心清淨	3.能得圓滿、等持、等至及圓滿聞持陀羅尼。
4.焰慧地	三十七道品	增上慧清淨	4.能令隨所獲得菩提分法，多修習住。
5.極難勝地	觀四諦		5.能於諸諦道理如實觀察。
6.現前地	觀緣起		6.能於生死流轉如實觀察。
7.遠行地	方便慧		7.能多住無相作意。
8.不動地	成就眾生願		8.能於無相住中捨離功用。
9.善慧地	四無礙辯		9.能於異名眾相、訓詞差別、一切品類宣說法中，得大自在。
10.法雲地	佛智		10.能得圓滿法身現前證受。

（二）十種波羅蜜多

「波羅蜜多」意譯為到彼岸，彼岸就是解脫涅槃的對岸。生死是此岸，涅槃即彼岸，煩惱是此岸，菩提即彼岸。所謂到彼岸，就是從生死、煩惱的此岸，到達涅槃、菩提的彼岸之意。然而到彼岸，是依梵文直譯的，若依其義翻譯，則可譯為圓滿、究竟、成功等義。

凡事做到了圓滿成就的時候，也稱作波羅蜜多，就是「事業成辦」的意思。菩薩的修行，有無量的「波羅蜜多」法門，有六種是一切「波羅蜜多」的基礎，就布施、持戒、忍辱、精進、靜慮、智慧六者。印度名檀那，中國譯為布施；印度名尸羅，中國譯為持戒；印度名羼提，中國譯為忍辱；印度名毘梨耶，中國譯為精進；印度名禪那，中國譯做靜慮；印度名般若，中國譯為智慧。印度名波羅蜜多，中國譯為到彼岸。六到彼岸（六度或六波羅蜜多）是總稱，布施等名是別說，總別兼舉，所以名為布施、持戒、忍辱、精進、靜慮、智慧到彼岸。修布施等的六度，就可從生死的此岸，到達涅槃的彼岸。

菩薩所學的六事與菩薩所行的三學的關係，其中，布施、持戒、忍辱的三種波羅蜜多，屬於「增上戒學」所攝。布施是持戒的資糧，行者為了嚴持禁戒不犯，必須常常多行布施，能行布施，就能防護身、口的不犯。持戒是增上戒學的自性，為其所屬，當無問題。忍辱是持戒的眷屬，為了保持戒行的純潔，有時縱或遇到了極端暴惡的有情，給予自己的打擊，不論是無理地漫罵或任意地毆辱，此時唯有忍辱，才能保持戒行無缺。靜慮波羅蜜多，屬於「增上心學」所攝，因為心就是定，以定自性攝定自性。智慧波羅蜜多，屬於「增上慧學」所攝，是以慧自性攝慧自性。精進波羅蜜多，遍攝三增上學，因為不論持戒、修定、習慧，都需要大精進力加以鞭策。犯戒者，大都由於懈怠放逸，不能勤勉地克制自己的妄念。智慧的開發，也來自於精進，所以精進能遍攝三增上學。

「增上戒學」所攝布施、持戒、忍辱的三度，是屬福德資糧所攝；「增上慧學」所攝的慧度，是屬智慧資糧所攝；「增上心學」所攝的定度，及三增上學所攝的精進度，遍於福、智兩種資糧所攝。修學佛道等於我人出門遠行，必須準備充足的資糧，方能到達所要到的目的地。成佛的資糧，並非任何金錢與食物，而是福德與智慧。福資糧者，謂能生福果而與福為因者是；智資糧者，謂能生智果而與智為因者是。六所學事中，前三是福德，後一是智慧，精進與靜慮，通於福德及智慧。

佛陀所宣說的波羅蜜多法門，除了六度外，還有方便、願、力、智等四種，是前面六種波羅蜜的助伴。換句話說，要想使六度修學圓滿，必須要加行四度予以助成。

加行四度的理由有四種：

1.方便度助前三度

菩薩行者，為了饒益有情，修學布施、持戒、忍辱的三種波羅蜜多，以攝受廣大的群眾，但要完成饒益群眾的重大任務，必須要運用種種方便、種種善巧以諸攝事去攝受眾生，把被攝受的眾生安置在善品法上。譬如布施，以財物施諸有情，固能解決有情的物質缺乏，但這只是暫時的救濟，並不能永遠地解決他的貧困問題，所以等到眾生接受菩薩的施予而與菩薩發生關係後，就得運用方便善巧，告訴他現在所以貧窮，是由過去所造的因，若要將來不再受貧窮之苦，現在就必須好好地修諸善法，多多培福。以這樣的方便，使諸眾生，修諸善業，才是真正的饒益有情。又如持戒，自己守法，不犯他人，固能使眾生安隱快樂，但若眾生不能因你的守法而守法，就得運用方便善巧，使諸眾生也能如己一樣地不殺、不盜，遵守戒法，不特如此，且更進一步地布施、放生，修諸善事。忍受他人的辱罵謗打，以自己的忍辱行，去感化暴惡的有情，也可以令眾生得益，但更需要利用方便善巧，使諸眾生，息諸瞋恚，修調柔行，不論在任何場所，皆能與群眾和諧共處，相安無事。這就是以方便波羅蜜多，而與布施、持戒、忍辱三種波羅蜜多為助伴的要素所在。

2.願度助精進度

菩薩在修學六波羅蜜多的過程中，需要發起正願修學願波羅蜜多。主要是因為菩薩在實踐的過程中，由於意樂羸劣的不堅強，以及下面欲界散心勝解力的堅強，所以要使內心不向外奔放而獲得心一境性的安住，就沒有力量堪能完成了。因為內心安住，必須要有強有力的意樂及上界勝解的緣故。另外，對於菩薩藏波羅蜜多相應微妙的正法言教，不能息心地聽聞，不能如法地緣慮，不能善巧地修習，所以所有靜慮也就不能引發出世間的無漏聖慧了。正因如此，菩薩行者乃攝受上面所修的少分布施、持戒、忍辱的微劣福德資糧，生起希求的正願說，願以這福德因緣的力量，在未來世得以成就精進修行，輕微地發空願是不行的，發了願就得去實行，如是名為「願波羅蜜多」。由這弘誓願力的因緣，擾亂身心的煩惱，就得漸漸地微薄，而能實踐精進波羅蜜多了，所以願波羅蜜多是能與精進波羅蜜多而為助伴的。

3.力度助靜慮度

菩薩以大願力助成精進的實踐，雖已能使煩惱微薄，但還不能克制煩惱的活動，因為內心尚未獲得安住，現為進一步地求得降伏煩惱，菩薩行者就又親近善士。善士，就是善知識。善知識能識行者的心病，能指導行者的正行，能使行者獲得正定。因此，就從善知識聽聞正法，依所聞正法而作如法合理的作意思惟，由這三種殊勝因緣，就可使一向微劣的意樂轉為最極殊勝的意樂，不特能得欲界的殊勝意樂，且亦能得上界的這種殊勝意樂，如是名為「力波羅蜜多」。由這力波羅蜜多的因緣，於是內心安住就有所堪能了，所以力波羅蜜多能夠助伴靜慮波羅蜜多。

4. 智度助般若度

當菩薩的內心煩惱熾盛時，對於菩薩藏波羅蜜多相應微妙的正法言教，是不能聽聞、緣慮、修習的，現因以力波羅蜜多助成靜慮波羅蜜多的修成，所以對於甚深微妙的菩薩藏教，已能多多地聽聞，正確地緣慮，如法地修習了。能聞是聞所成慧，能緣是思所成慧，修習是修所成慧，由此三慧，就能引發靜慮，所謂從聞、思、修入三摩地，就是此意，如是名為「智波羅蜜多」。由這智波羅蜜多的因緣，即能引發出世間的無漏聖慧了，所以佛說智波羅蜜多能與慧波羅蜜多而為助伴。

《解深密經》的〈分別瑜伽品〉及〈地波羅蜜多品〉，說明瑜伽止觀的方法重點，以及修學十波羅蜜多的要領。修學十種波羅蜜多，行菩薩道利益大眾，必須要以禪定止觀為基礎，逐步實修十波羅蜜多，運用菩薩道自利利人的方式，增進空性智慧，善巧消亡表層意識及深層意識的二元對立，逐級斷除人我執及法我執等煩惱，實證菩薩十地位階，最終成就佛道。

〈第四篇〉

心念轉識的新世界

現代社會緊張忙碌，不論是家庭、工作及人際關係，都充滿著很多壓力，容易造成情緒失控的困擾。心念決定了我們當下的情緒狀態，痛苦或快樂完全是自心的選擇。如果懂得瑜伽唯識學「轉識成智」的道理，便知道轉化心念的原理和方法，將能不再為情緒所困擾。

《解深密經》讓我們知道心念、意識是可以轉化的，面對情緒煩惱時，需要學習「轉識」的方法，並多加練習，才能得到身心平衡。《解深密經》的「瑜伽止觀」方法，能徹底解決情緒問題，甚至斷除根本煩惱，從而淨化身心。由於唯識學的教法及名相較為繁瑣，所以將《解深密經》的三無性教理及瑜伽止觀方法，轉化為實務運用的三步驟：第一步先「轉念」，第二步再「轉識」，第三步得「轉依」。

為了解情緒壓力調節的效果，運用自律神經平衡的原理，引入情緒坐標幫助「轉念」；再運用腦電圖量測放鬆度及專注力，助人達成放鬆式專注，加上對情緒煩惱的消融觀想，則可幫助「轉識」；養成習慣的健康生活態度，面對問題就不再苦惱，能維持內在的喜悅，達到「轉依」目的。

一、調節情緒的方法

我們時常陷溺在煩惱中不能自拔，修習止觀法門如同治病妙藥，能徹底藥到病除來加以對治。《解深密經》的〈分別瑜伽品〉讓我們明白，調節情緒煩惱必須運用止禪、觀禪的方法。當情緒產生時，需要運用「止禪」的工夫，先以集中意志的專注力，止息情緒帶來的作用，然後再運用心念、意識的觀照力轉化情緒，進而淨化煩惱，從根本上解決纏縛身心的問題。

（一）自律神經平衡

如何得知情緒是否得到平息呢？可用現代醫學的心律量測技術來確定。當情緒平穩時，自律神經系統也會達到平衡、穩定的狀態。要讓情緒得到完全的平復及消融，必須運用心念、意識的觀照力，避免情緒的反覆生起，也就是用到「觀禪」的工夫。〈分別瑜伽品〉所介紹的瑜伽止觀，正是調節情緒的有效方法。調節情緒的第一步，先要使自己的自律神經得到平衡，才能初步冷靜下來，然後再運用尋找情緒坐標的方法，把自己的心念從情緒煩惱中轉移出來，達到「轉念」的效用。

要想讓自律神經達到平衡，最簡單而快速的方法，就是採用可讓自律神經平衡的呼吸法，也就是藉由深呼吸來影響心律的作用，透過吸氣調控交感神經活性，並呼氣調控副交感神經活性。如此的呼吸方式能讓我們感到放鬆、安定神經、改善專注力，促進新陳代謝。使用這種方式也能夠讓人吸入最多氧氣，增進自律神經系統的平衡。當自律神經快速得到平衡後，人便能夠冷靜下來。

（二）運用情緒坐標轉念

情緒是一種包含感覺、思維和行為的綜合心理產物。情緒只是在傳達資訊：當下的情境是令人不愉快的、焦慮的、害怕的，抑或是愉快的、興奮的心情。外境與內心的交互作用，會促使我們進行趨利避害的行動。所以，不論出現消極或積極的情緒，都是正常的，不需要去排斥。

解決情緒的問題，先要了解「唯識無境」的道理，所緣的外境是唯心所造、能緣的內心是唯識所現。情緒是受到外境及內心影響而生起的反應，我們的心誤將世間一切現象都當成是實有的；然而，世間一切身心現象其實都是虛妄分別心所現的。情緒是由心念、意識所產生，是內心的煩惱種子接觸到外在的情境，而產生的心理作用。唯識學是佛教分析和對治煩惱的專業學問，想要有效地調伏情緒煩惱，需要運用〈分別瑜伽品〉的止禪和觀禪來調整身心。先運用止禪來止息情緒的作用，避免因情緒而有失控的言語或行為，再運用觀禪來觀察情緒的生滅現象，不被情緒所綁架，從而造作惡業。

現代心理學對於情緒的認識，常使用「情緒坐標」的方式來進行，詳如圖四。先將情緒帶來的感受性質，分為「愉悅」及「不愉悅」兩種，標示為橫坐標軸，右側為愉悅，左側為不愉悅；再將感受的強度，分為「激動」及「不激動」兩種，標示為縱坐標軸，上方為激動，下方為不激動。

橫坐標及縱坐標形成四個象限區域，分別代表不同的情緒狀態。右上方區域的情緒感受是愉悅的，依其亢奮激動強度可分為快樂、高興、驚喜、興

圖四：情緒坐標

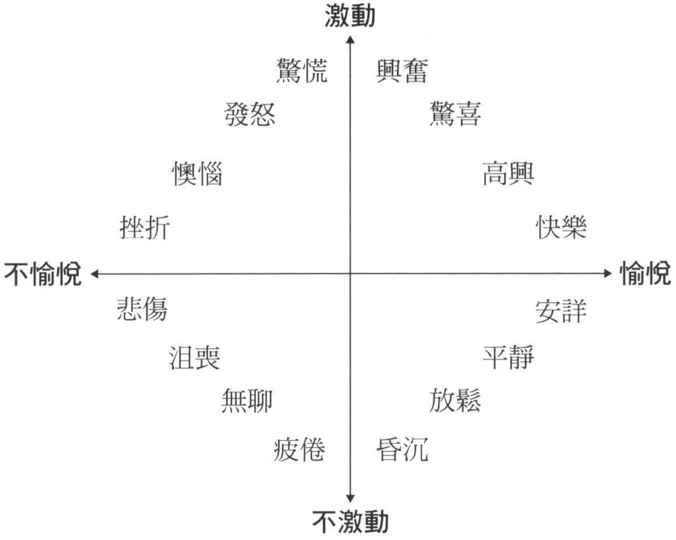

奮等不同的情緒狀態。右下方區域的情緒感受則是愉悅卻消沉不激動的，依其強度可分為安詳、平靜、放鬆、昏沉等不同的情緒狀態。在情緒坐標的左側區域，是不愉悅的部分。左上方區域的情緒感受是不愉悅而亢奮激動，依其強度分為挫折、懊惱、發怒、驚慌等不同的情緒狀態。左下方區域的情緒感受則是不愉悅而消沉不激動的，依其強度可分為悲傷、沮喪、無聊、疲倦等不同的情緒狀態。

從唯識學的義理來看，情緒

的生成，主要是自己的心意識對外在情境及內在心境的反應。這種心理反應不論是哪一種情緒，都是一種心意識的作用。要解決情緒失控的問題，需要運用心意識的作用來進行，也就是運用「唯識無境」的道理和方法。當情緒生起時，要避免因習慣及習氣的自動反射，而衝動失控，惡言惡行，造作惡業。

此時，第一步可以將心念的焦點，轉換為「情緒坐標」的定位，分析一下現前生起的情緒，在坐標中的區域位置，達到「轉念」的目的。當情緒生起時，依據當時的感受，若感覺愉悅而亢奮激動，則情緒狀態屬於右上方的區域；若感覺愉悅而消沉不激動，則情緒狀態屬於右下方的區域；若感覺不愉悅而亢奮激動，則情緒狀態屬於左上方的區域；若感覺不愉悅而消沉不激動，則情緒狀態屬於左下方的區域。情緒生起時，迅速地為自己的情緒找坐標定位，念頭就可以從自己的習氣自動反應，及時跳脫出來，並且暗示自己的情緒也是心念的作用，都是虛妄分別心。情緒坐標定位看似心理學之世間法，結合唯識學原理，可以善巧地用來快速轉移心念。

常常運用「情緒坐標」定位的「轉念」方法，慢慢地就可以調控情緒，避免失控；進而除遣能緣的妄識，體驗境滅心空的境界。情緒是深層「阿賴耶識」對外在的情境及內在心境，所產生的心理反應，由於每個人的業識不同，心念的反應不同，容易產生的情緒也就各有不同。如果能了解自己的業識狀態和人格特質，可以預防及避免落入情緒的惡性循環。而個人的業識和個性，可以藉助腦波科學來協助了解。

二、腦波解讀業識的祕密

在〈心意識相品〉中，佛陀向廣慧菩薩說明，眾生的生死輪轉，都是因為心意識有「二執受」，也就是有兩種執著，這種心意識的執著就是「業識」。第一種執著是「執色」，是對於色身個體的執著，即「人我執」，形成眾生在三界六道中受生；第二種執著是「執名」，是對於觀念想法的執著，即「法我執」，形成眾生各自的習氣及性格。

二執受的業識被記錄在眾生的「阿賴耶識」之中，執持相、名、分別言說戲論的習氣與種子融合一味，是流轉生死的根本，卻也是清淨還滅的入手處。

想要得到心意識祕密善巧，必須先了解心意識中的六趣生死祕密，就在於「二執受」。解脫生死的善巧，在於轉化業識，必要斷除執受並淨化業識，方法是先要了解自己的個性、業識，再運用止禪和觀禪的方法，訓練「放鬆式專注」，消融情緒壓力，以達成「轉識」。

（一）由腦波知業識

人類的行為和大腦、神經系統關係密切，眼、耳、鼻、舌、身、意等六根的感官作用，包括視覺、聽覺、嗅覺、味覺、觸覺，以及意識的情緒、思考，乃至於每一個判斷與決定，都和大腦息息相關。就算在休息或睡眠時，大腦還是控制了呼吸、心跳，乃至於所有基本的生理功能。

人類大腦位在中樞神經系統最上層，大腦的結構是由左、右兩個大腦半

圖五：腦葉與腦色對應關係

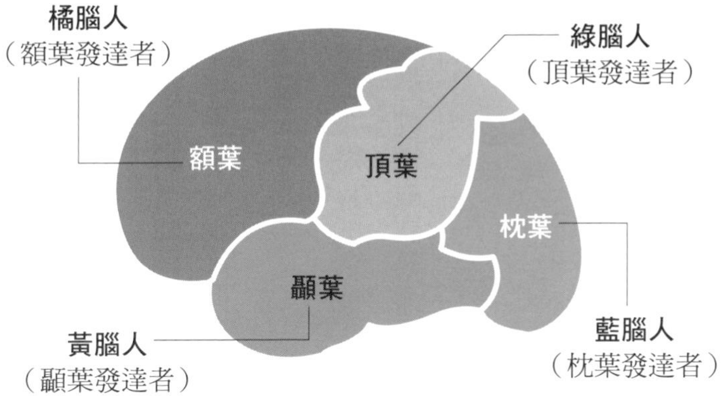

球組成，腦顱皮質一般分為額葉、顳葉、頂葉和枕葉等四個腦葉。腦神經科學家對於不同腦葉發達的狀況，以四種腦色來區分，稱為橘腦人、黃腦人、綠腦人、藍腦人。腦葉與腦色的對應關係，詳如圖五。

不同的腦色代表著不同的個性及人格特質，可以對應到阿賴耶識中的業識狀況。阿賴耶識是諸識的根本，所以稱為「本識」；以其為諸識作用的最強者，所以也稱為「識主」。此識為宇宙萬有之本，含藏萬有，使之存而不失，故稱「藏識」；又因其能含藏生長萬有的種子，所以也稱為「種子識」。含藏業識種子的阿賴耶識，表現在不同人的腦葉發展狀態，而形成不同的個性及人格特質。美國教育顧問希拉・葛拉卓芙（Sheila N. Glazov）所著作的《你的大腦是什麼顏色？：看清你的本色，看懂別人臉色，人際溝通更出色》（*What Color Is Your Brain?*），將人的性格分成四種大腦的顏色。

藉由腦電圖科學及量測技術，可以得知腦葉的發展狀況，並判定每個人的腦色屬性，用來了解每個人的人格特質和業識狀況。

1. 橘腦人

額葉發達的橘腦人，具有多層次思考的特質，但由於個性較為積極進取，遇到逆境容易產生驚慌、發怒的情緒；遇到順境容易生起興奮、驚喜的情緒。

2. 黃腦人

顳葉發達的黃腦人，有按部就班的踏實特質，但個性較為憂心焦慮，遇到逆境容易產生無聊、倦怠的情緒；遇到順境則進入放鬆、昏沉的情緒。

3. 綠腦人

頂葉發達的綠腦人，具有邏輯推理清晰的特質，但個性較為猶豫不決，遇到逆境容易產生悲傷、沮喪的情緒；遇到順境則生起安靜、祥和的情緒。

4. 藍腦人

枕葉發達的藍腦人，具有想像力豐富的特質，但個性較為隨性放浪，遇到逆境容易產生懊惱、挫折的情緒；遇到順境則生起高興、快樂的情緒。

阿賴耶識儲存有情眾生多劫以來，所思、所說、所作的無量業識種子，外在因緣成熟的時候，便起惑造業。每個人的腦葉發達狀況與人格特質，其實就是「阿賴耶識」業力習氣的整體表現，透過腦神經科學除了可以幫助自己了解個性及人格之外，也可以了解自己容易產生哪種情緒，進一步去做心理準備，並做適當的情緒調節。

（二）放鬆專注觀想

不同的個性，容易生起哪些情緒，雖然各有不同，但是情緒生起時，都會帶來緊張和慌亂的相同感受，於是就容易失去控制或累積壓力。想要消除因情緒而引發的緊張和慌亂，需要運用〈分別瑜伽品〉介紹的禪定止觀，以止禪提起專注力，來降低紛亂的感受，並以觀禪提起放鬆度，來平緩緊張的感受，達到情緒調控及壓力紓解的功效。專注與放鬆是可以訓練出來的能力，並可以運用腦電波的量測，來驗證專注及放鬆的效果。人體大腦所產生的電流脈衝，稱為「腦波」，其頻率可分為：α波、β波、θ波及δ波。這些意識的組合，形成了一個人的內外在行為、情緒及身心狀態表現。

1. α腦波

Alpha（α）是意識與潛意識的橋樑。雖然人的意識清醒，身體卻是放鬆的，此時身心能量耗費最少，腦部所得能量較高，能快速、敏銳地運作，所以最佳的學習和思考狀態是α波。

2. β腦波

Beta（β）是人在意識清醒時的大部分腦波狀態。適量的β波有助於提昇專注力和發展認知行為，但是人會隨著β波的增加，身體逐漸變得緊張，劇烈消耗身心能量而感到疲倦，如果沒有足夠的休息，將堆積壓力成疾。

3. θ腦波

Theta（θ）是潛意識，能觸發深層記憶、強化長期記憶。當意識中斷後，身體深沉放鬆，對於外界的訊息，會呈現高度的受暗示性狀態，所以θ波被稱為是「通往記憶與學習的閘門」。

4. δ腦波

Delta（δ）是無意識狀態，為深度熟睡。睡眠品質優劣和δ波有直接關係，δ波的睡眠屬於無夢且深沉的睡眠狀態。

腦波頻率中的β波與α波，與人的專注力及放鬆度有關。一般而言，專注時，會量測到β波，而放鬆時，則會量測到α波。然而，沒有經過特殊訓練，人在專注時容易緊繃，例如上班時過於專注工作，下班時感到很疲憊，會累積壓力；放鬆時容易過度放逸，例如假日時放鬆於休閒，仍會感到疲憊，也會累積壓力。所以，若在工作時，能既專注又放鬆，就不致於疲憊勞累；休假時能既放鬆又專注，就不致於放逸無聊。

透過止禪的訓練，提起專注力；同步訓練觀禪來觀照是否同時處於放鬆的狀態，才能達到既放鬆又專注的狀態，稱為「放鬆式專注」。不論工作或休息，如果能達到既放鬆又專注的狀態，就比較容易調控情緒，並且紓解壓力。達到既放鬆又專注的狀態後，再進一步運用「消融禪觀」的觀想方法，吸氣時想像大自然的能量進入體內，吐氣時想像將情緒壓力排出體外，就能讓煩惱消融於無形。

三、轉煩惱為禪悅

快樂其實沒有那麼困難，我們想盡辦法追尋快樂，卻忘了活在當下的喜悅。需要追求快樂的這種想法完全是種錯覺，是人生一切煩惱的來源。真正的快樂來自於內心寧靜的狀態，這才是最重要的關鍵。

快樂很簡單，最重要的是讓充滿雜訊的大腦靜下來，離開執著及煩惱，自然而然就會快樂，《解深密經》指引了我們究竟的快樂之道。《解深密經》修行方法的重點，在於運用「一切種子心識」的轉化能力，達到「轉識成智」的效果。將染汙的業識，轉化成清淨的智慧。將前五識轉化成「成所作智」，再將第六識轉化成「妙觀察智」，第七識則轉化成「平等性智」，最終將第八識轉化成「大圓鏡智」。我們也可如此，將心念由煩惱轉化成快樂的狀態。

（一）量子轉識步驟

要想轉化心念，離開情緒煩惱而得到快樂，可以運用佛陀在〈心意識相品〉解釋的「轉識」原理。「阿賴耶識」的轉識現象，稱為「種現熏生」，分為「種現（種子起現行）」及「熏生（現行熏種子）」兩個部分。

現前「阿賴耶識」儲存有情眾生多劫以來，所思、所說、所作的無量業識種子，當外在因緣成熟的時候，起惑造業，就是「種子起現行」。而眾生因為種種的煩惱執著，不斷地造作善業、惡業、無記業等業行，在造作之後，再反熏而增長業識種子，則是「現行熏種子」。我們要想轉化心念、意識，就要運用「種現熏生」的原理，將情緒煩惱的心念，轉化成為喜悅快樂

圖六：量子轉識步驟

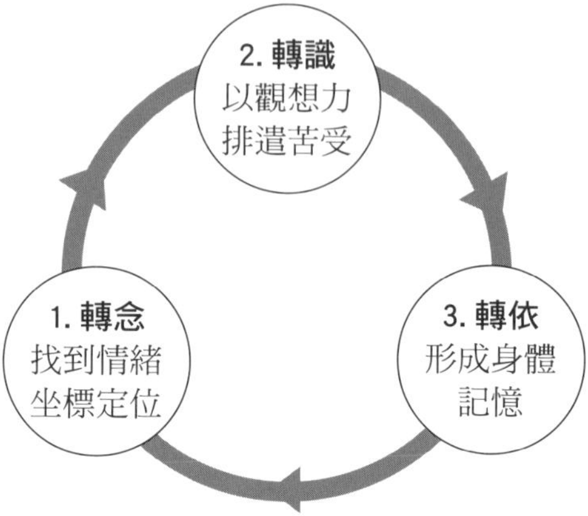

的心念。

如果要想迅速地轉化心念，並讓身心保持在喜悅快樂的狀態，必須運用轉念、轉識、再轉依等三個步驟，不但能快速轉化心念，而且整體身心都能迅速達到平衡，有如微觀粒子世界中的量子坍塌效應一般，心念、意識迅速而全體的轉變，並形成身體記憶，稱為「量子轉識」，詳如圖六。

1.第一個步驟轉念：找到情緒坐標定位

當察覺到情緒生起時，不論是哪一種情緒，其實都是一種心意識的作用。要避免因習慣及習氣的自動反射，而衝動失控，進而惡言惡行，造作身、口、意的惡業，可先將心念的焦點，轉換為尋找「情緒坐標」的定位，分析一下現前生起的情緒，在坐標中的區域位置，達到「轉念」的目的。

2.第二個步驟轉識：以觀想力排遣苦受

先運用「止禪」來止息情緒作用，避免因情緒而失控。接著，再運用「觀禪」來審諦觀察情緒的生滅現象，以觀想力排遣不舒服的情緒煩惱「苦受」，並暗示自己的情緒也是心念的作用，其實都是虛妄分別心所現。

3.第三個步驟轉依：形成身體記憶

將阿賴耶識的業識種子所產生的種種情緒作用，從情緒綁架中跳脫出來，就是「唯識無境」方法的運用。當情緒生起時，不斷地練習「轉識成智」達到身體記憶，形成新的腦神經迴路。再遇到外在情境及內在心境時，就能自動反射地消融情緒，徹底從舊有的煩惱習氣，轉變和跳脫出來。

（二）紓壓快樂禪修

要時時保持紓壓快樂，必須在日常生活中起情緒時，迅速轉化心念，讓身心保持在喜悅快樂的狀態。要運用轉念、轉識、轉依等三個步驟的「量子轉識」，需將〈分別瑜伽品〉中，佛陀教導的「止禪（奢摩他）」、「觀禪（毘缽舍那）」的禪修方法，綜合加以運用。

奢摩他可以止息情緒，令心專注而不散亂。毘缽舍那透過審諦觀察，可以轉化身心的壓力。若能止禪、觀禪同時運作，達到「止觀雙運」、「定慧等持」的境地，就可以徹底斷除煩惱，得到解脫。

轉化心識紓解情緒煩惱，獲得喜悅快樂的止觀禪修方法，要注意以下幾點重點：

1. 以「止禪」來實行「轉念」

(1)轉念呼吸：先做轉念呼吸，讓自律神經能夠平衡，使心念快速冷靜下來。

(2)情緒定位：再運用情緒調控方法，從情緒坐標找到當下情緒的定位，從而將念頭從情緒作用中，轉移出來。

2. 以「觀禪」來達成「轉識」

⑴觀想呼吸：吸氣時想像能量進入體內，呼氣時想像情緒排出體外，消融於無形。

⑵覺知快樂：從呼吸的身體動作，覺知生滅無常，體會煩惱終將消除。覺知不生滅真常，體會快樂終將到來。

以「止禪」來實行「轉念」，能讓自己的心念快速冷靜。而「觀禪」則能達成「轉識」的效果，不斷地提昇智慧。

觀想呼吸的方法，採用「數息觀」及「隨息觀」。數息觀是將心念專注在呼吸的動作上，注意呼吸的出入，一呼一吸數一，從一數到十，再從十數到一，數時知息長，知息短，專注而清楚。隨息觀則是單純地注意呼吸的出入，不再數數字，讓專注力及覺知力更穩定而清楚。

從呼吸的身體動作，觀察吸氣及呼氣的換氣瞬間，吸氣滅而呼氣生，正在生滅變化中；觀照這種呼吸的生滅現象，就是發生在自己身上的無常。進一步去體會煩惱也是一種無常現象，會生起，也會消失。想像情緒壓力及憂悲苦惱終將消除，就能得到紓解情緒的快樂。

另外，觀察吸氣及呼氣的相續不斷，呼吸持續地進行，正是一種不生不滅的狀態，體會這種發生在自己身上不生不滅的真常，想像清淨快樂終將到來，就會產生無恐懼且安心的清淨快樂。

不斷地練習以「止禪」來「轉念」，以「觀禪」來「轉識」。運用唯識教理中，心意識祕密善巧的作用，以觀想的想像能力，紓緩外界情緒造成的壓力，來覺知紓壓的快樂；並紓緩內心恐懼老死的壓力，來覺知心安的快樂。不斷熏習就會形成身體記憶，遇到憂悲苦惱，就真的可以轉念及轉識；完成心識的轉化及淨化，最終達到五蘊身心的轉變——轉依，徹底獲得究竟的清淨快樂，詳如圖七。

運用《解深密經》瑜伽止觀的方法，以止禪來實行轉念，並以觀禪來達成轉識，除了可以消融情緒壓力及焦慮憂愁，若再不斷熏修，還可以練習覺知內外境的敏感度，讓第六識轉向「妙觀察智」；練習同理他人先放低身段，讓第七識轉向「平等性智」；練習消除任何對立和衝突，讓第八識轉向「大圓鏡智」。由於諸法唯識所現，若根據佛陀所提示的「依他起性」，只

圖七：觀想呼吸及覺知快樂

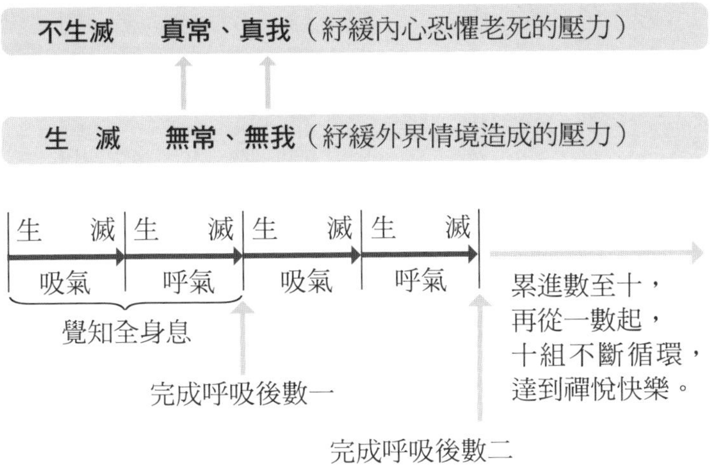

要我們願意開始將心識，安放在清淨無執著的狀況，就已經在「轉染、轉識」了，是否能夠「成淨、成智」只是時間早晚的問題！不斷熏修的結果，自己的「遍計所執」終能漸漸地轉變成「圓成實」了！

大家之所以感覺轉識很困難，主要是因為對唯識的原理不熟悉，並且對轉化的禪修方法不熟練，而認為很難達到「轉識成智」。其實，轉識成智可以循序漸進地在生活中鍛鍊和熏習，採取的練習步驟，可先轉化表層意識（即第六識），再轉化深層意識（即第七識、第八識）。由淺而深，由粗而細地逐步轉變淨化。先轉化表層意識，再淨化深層意識，才能將全體心意識都轉化成功。整體的八識都淨化成功，五蘊身心徹底清淨了，就達成「轉依」。從轉念做起，紓解自己的情緒煩惱，進而轉識成智，提昇自己的智慧。以智慧力淨化自己依持的五蘊身心，稱為轉依，也就是成佛。

心意識轉變淨化的步驟，可以先轉念，再轉識，後轉依。轉念可以得到紓壓放鬆的快樂，轉識則可以得到喜悅輕安的快樂，而轉依可以得到清淨解脫的究竟快樂。

在日常生活練習時，心識若生起分別執著，我們只要能運用覺性來觀察，不再進一步地起惑造業，就已經是在轉識了。例如，遇到某種情境生起喜愛或討厭的分別執著時，只要以覺性來反觀自照，不斷熏修以提高覺察內外境的敏感度，第六識的分別執著，就可逐漸朝向如實觀察外境實相的「妙觀察智」。第七識的心念，若生起自他衝突的分別執著時，以覺性來反觀自照，不斷熏修去練習同理他人，並先放低身段，第七識的自私自利，就可逐漸朝向自他平等對待的「平等性智」。第八識的心念，若生起能所對立的分別執著時，以覺性來反觀自照，不斷熏修去練習消除任何二元對立，第八識的染汙種子，就可逐漸朝向能所雙亡的「大圓鏡智」。

透過唯識教理的理解，以及日常生活的實踐，瑜伽止觀就不再只是可望不可及的複雜理論，而是具體可行的實修。轉念做起，紓解自己的情緒煩惱，進而轉識成智，就可法喜充滿，禪悅為食。

智慧人 51

轉念快樂——讀懂解深密經

Transformational Thinking for Happiness:
Taking in the Saṃdhinirmocana Sūtra

著者	釋法源
出版	法鼓文化
總監	釋果賢
總編輯	陳重光
編輯	張晴
封面設計	化外設計
內頁美編	小工
地址	臺北市北投區公館路186號5樓
電話	(02)2893-4646
傳真	(02)2896-0731
網址	http://www.ddc.com.tw
E-mail	market@ddc.com.tw
讀者服務專線	(02)2896-1600
初版一刷	2023年7月
初版二刷	2023年12月
建議售價	新臺幣220元
郵撥帳號	50013371
戶名	財團法人法鼓山文教基金會—法鼓文化
北美經銷處	紐約東初禪寺
	Chan Meditation Center (New York, USA)
	Tel: (718)592-6593　E-mail: chancenter@gmail.com

法鼓文化

國家圖書館出版品預行編目資料

轉念快樂：讀懂解深密經 / 釋法源著. -- 初版.
-- 臺北市：法鼓文化, 2023.07
面；　公分
ISBN 978-957-598-997-2（平裝）

1. CST: 經集部

221.761　　112007473